성경을 멀리하고 신앙생활을 잘할 수 있는 길은 없다. 문제는 성경을 어떻게 하면 가까이할 수 있느냐다. 한국 교회 성도들의 성경에 대한 사랑과 열정은 대단하다. 그러나 성경에 대한 사랑과 열정에 비해 성경의 비경 안으로 들어가는 일에는 여전히 힘들어하는 성도들이 많다. 『성경 읽는 태도』는 목회자이면서 신학자로 잘 알려진 권성수 목사님이 목회 현장에서 성도들을 성경의 세계로 이끌어 들이고자 하는 애정 어린 열정을 담아 빚어낸 책이다. 내용 곳곳에서 저자는 매우 친절한 가이드처럼 깊이 있는 내용을 알기 쉽게 이해하도록 안내하고 있다. 읽는 독자들은 자신도 모르게 성경을 사랑하게 될 것이고, 성경대로 살고 싶은 열망까지 얻게 될 것이라 확신한다. 목회자와 평신도 모두에게 강력하게 추천하고 싶다.

_이규현 목사(수영로교회)

내가 이 책을 권하는 이유는 성경 읽기는 누구나 쉽게 할 수 있는 일처럼 보이지만, 좋은 방법을 배우면 훨씬 효율적으로 읽을 수 있기 때문입니다. 읽기의 소중함을 알아 갈수록 성경을 읽는 전략에 대하여 최고 전문가의 조언이 듣고 싶어진다. 이 책에는 성경에 대한 최고 전문가 중 한 분인 저자가 학교와 교회에서 평생을 단련한 성경읽기에 관한 제안들이 담겨 있다. 나는 특히 "성경을 식음하라"와 "성경을 기도하라"를 통하여 큰 도움을 얻었다. 성경에는 생명과 빛과 힘이라는 양분이 있는데, 이를 영혼이 섭취하는 데 관심을 두어야 함을 배웠다. "성경을 기도한다"는 것은 성경 한두 절을 인용하면서 기도하는 것이 아니라 말씀을 마음에 담아 뿌리내리듯 묵상하고, 이를 실천하기 위하여 기도하는 것이다. 이 책의 강점은 저자가 오랫동안 실천하면서 검증한 교훈들을 간단명료하게 제시했다는 점이다. _한규삼 목사(충현교회)

성경 읽는 태도

bible

reading

성경 읽는 태도 ^{態度}

attitude

권성수

bible

WPK

목차

5년 전에 CTS 기독교TV에서 우리 다섯 형제 목사가 '독수리 5형제? NO! 우리는 목사 5형제'란 대담 프로에 출연한 적이 있다. 부족한 간증이지만 지금까지 52만여 분이 시청해 주셨다. 내가 어릴 때 어느 날 아버지께서 다섯 아들을 하나님께 목회자로 바친다고 서원하셨다고 말씀하셨다. 아버지께서는 지독하게 가난하게 사시면서도 새벽마다 다섯 아들을 목회자로 받아 주십사 기도하셨다. 군불을 계속 때면 아랫목이 뜨거워 일어날 수밖에 없다. 아버지의 '군불 기도'로, 반발하던 우리 5형제가 다 기꺼이 목사가 되었다.

나는 어릴 적부터 아버지의 강요(?)에 따라 매일 성경을 읽었고 매주 한 구절씩 암송했다. 어릴 때는 말씀의 뜻도 잘 모른 채 성경을 읽고 암송했지만, 후에 성경 말씀이 살아 움직이는 것을 깨달았다. 덕분에 평생 성경 말씀을 삶의 지침으로 삼고 말씀을 묵상하면서 기도하게 되었다. 그러는 과정에서 성경의 주인공이신 예수 그리스도를 만나고 예수 그리스도와 동행하는 삶의 맛을 보게 되었다.

청년 시절에 생각의 반복적인 죄 때문에 고민도 많이 했지만, '내가 이렇게 지독하게 타락했기 때문에 하나님의 아들 예수께서 피 흘려 죽으실 수밖에 없었구나' 깨닫게 되었다. 죄와 고통의 현실 속에서 예수 그리스도의 십자가와 부활의 복음을 점점 더 깨달아 가면서 구원의 감격과 사역의 환희도 체험하게 되었다. 특별히 성경을 묵상하면서 하나님의 기밀실 회의에 동참해서 말씀의 뜻을 깨닫기도 하고 성령의 불같은 감동과 능력을 체험하기도 했다. "누가 여호와의 회의에 참여하여 그 말을 알아들었으며 누가 귀를 기울여 그 말을 들었느냐"(렘 23:19). "여호와의 말씀이니라 내 말이 불같지 아니하냐 바위를 쳐서 부스러뜨리는 방망이 같지 아니하냐"(렘 23:29).

요즈음 문득 이런 생각이 든다. '성경과 또 성경에 근거한 기도를 빼고 내 인생을 생각할 수 있을까? 성경의 주인공 예수 그리스도를 떠나서 내 인생을 말할 수 있을까?' 상상만 해도 아찔하다. 하나님께서 성령의 감동으로 성경에 따라 나의 인생을 빚어 오셨다. 나의 인생은 한마디로 "아 하나님의 은혜로!"라 할 수 있다. "내가 나 된 것은 하나님의 은혜로 된 것이니 내게 주신 그의 은혜가 헛되지 아니하여 … 내가 한 것이 아니요 오직 나와 함께 하신 하나님의 은혜로라"(고전 15:1).

책머리에

올바른 태도로 성경을 읽으면 인생의 고도高度가 바뀐다. 이것은 내 속에 끓어오르는 확신이다. 어릴 때부터 평생 성경을 읽고 묵상하고 실천하고 전파하면 "시냇가에 심은 나무가 철을 따라 열매를 맺으며 그 잎사귀가 마르지 아니함 같으니 그가 하는 모든 일이 다 형통"한다 (시 1:3).

성경과 성령을 통해 예수 그리스도를 만나고 예수 그리스도와 동행하고 하나님의 은혜를 체험하면서 이제 이 은혜를 많은 분과 나누고 싶었다.

이 책은 2022년 10월 31일 충현교회에서 개최된 제1차 '리딩지저스 콘퍼런스'에서 발표한 내용이다. 성경을 통해 성령의 감동으로 예수 그리스도를 만나서 동행함으로 하나님께 영광을 돌리는 삶에 이 작은 책이 도움이 되기를 바란다. 이 책이 나오기까지 수고를 아끼지 않은 웨스트민스터 신학교 권혁민 교수님과 웨스트민스터프레스코리아 문신준 팀장 및 여러분에게 진심으로 감사를 드린다.

"당신의 실력^{aptitude}이 아니라 당신의 태도^{attitude}가 당신의 고도^{altitude}를 결정한다." 동기유발의 세계적 연사 지그 지글러^{Zig} ^{Ziglar}가 한 말이다.[1] 이 말은 성경을 읽는 태도에도 적용된다. 바른 태도로 성경을 읽을 때 그리스도인의 삶의 고도가 높아진다. 성경을 제대로 읽으면 그리스도인다운 삶을 살 수 있다.

'성경 읽는 태도가 인생고도를 결정한다.' 이 글을 다 써 놓고 아내에게 '성경을 이렇게 읽으라'는 글을 썼다고 했다. 그랬더니 아내가 대뜸 "성경은 읽기만 하면 되는 거지, 뭘 '이렇게 읽으라'고까지 하는가?"라는 반응을 보였다. 힘들여 쓴 내 글의 가치를 아내가 싹 무시하는 것 같아서 은근히 화가 났다. "아니, 성경을 제대로 읽어야 하지 않아?"라고 대꾸하니까, 아내가 "성경 안 읽는 사람들이 얼마나 많은데, 읽기만 해도 대단한 거지"라고 했다. 아내는 내 글의 가치를 무시한 것이 아니라 평신도 입장에서 성경을 대하는 보통 태도를 알려준 것이었다. 나는 아내의 반응을 듣고 정신이 확 들었다. '학문의 은하수 세계에 머물지 말고, 매일 밟고 다니는 땅으로 내려가는^{down to earth} 글로 다시 다듬어야 되겠네.' 이런 생각을 하게 되었다.

정말 그렇다. 성경을 안 읽는 교인들이 하도 많으니, 성경을 읽기만 해도 대단하다. 그렇다면, '성경을 이렇게 읽으라'는 지침은 필요 없을까? 마구잡이 수영을 하는 사람이 수영을 제대로 배우면 잘하게 되는 것처럼, 성경을 읽는 태도를 바로잡아 그리스도인다운 인생으로 고도를 높여야 하지 않겠는가?

나는 어린 시절 여름만 되면 강에서 살다시피 했다. 피라미도 잡고 모래밭에서 뛰어놀기도 했다. 물론 수영도 했다. 물속에서 하늘을 보고 그냥 누워만 있어도 몸이 물침대 위에 저절로 뜨는 것 같았다. 그런 탓에 '돈 주고 수영 강습을 받는다'라는 말을 이해할 수 없었다. '개구리가 돈 주고 헤엄을 배우나?' 반문하고 싶었다. 개구리라면 당연히 헤엄치고 사람이라면 당연히 수영한다고 생각했기 때문이다.

수영에 이렇게 자신이 있던 내가 몇 년 전 아내의 권유로 수영을 배워 보았다. 수영 강습을 받으면서 제대로 수영하는 것이 얼마나 힘든지 실감했다. 훈련을 받아 제대로 수영하면 실력이 얼마나 많이 느는지도 알게 되었다. 어떤 여성은 85세에도 쉬지 않고 수영장을 25회 넘게 왕복할 수 있다고 한다. 나는 한 바퀴도 제대로 돌지 못하다 보니, 그간 '개헤엄을 치면서 자신만만했구나!' 반성했다.

성경 읽기도 마찬가지다. 성경을 읽기만 해도 대단한 것 같지만 그냥 읽는 것은 개헤엄과 같다. 성경을 워낙 읽지 않으니까 성경을 읽기만 해도 대단하다는 말이 틀리지는 않지만, 성경을 바른 태도로 읽는 것이 중요하다. 개헤엄에서 제대로 영법으로 수영할 수 있도록 바로잡는 것이 필요한 것처럼.

성경을 읽기만 해도 대단하지만, 성경을 잘못 읽을 가능성이 있다. 예수 그리스도 당시 바리새인들은 성경을 읽는 데서 그친 것이 아니라 모세 오경을 거의 다 암송하다시피 정독했다. 그러나 바리새인들은 성경의 주인공이신 예수 그리스도를 알아보지 못했고 또 그를 십자가에 못 박았다.

성경을 읽으면서 '나만큼 잘 믿는 사람 없어!'라고 생각하면 교만해질 수도 있다. 나도 어린 시절 성경을 많이 읽으면서 '신자들 가운데 진짜 신자는 별로 없다. 거의 다 가짜 신자들이다'라는 정죄定罪의 함정에 빠져 있었다. 성경을 읽고 머리 지식만 키우면 교만해지고, 교만해지면 정죄하고, 정죄하는 습관 때문에 목회자도 정죄하면서 목회를 방해할 수 있는 것이다.

성경을 바로 읽지 않으면 성경을 읽어도 효과를 거의 보지 못할 수 있다. 성경을 통해 성령의 역사役事를 체험하고 사망에서 생명으로 옮겨지는 회심의 변화와 미숙에서 성숙으로 승화되는 성숙의 변화를 체험하지 못할 수 있다. 심지어 성경 전권을 복사한 후에 성경을 베꼈다는 뿌듯함과 후손들에게 넘겨준다는 흐뭇함 외에 별로 얻은 것이 없다는 고백을 할 수도 있다. 그렇기에 성경을 읽되 바른 태도로 읽는 것이 중요하다. 성경 읽는 태도를 제대로 배우면 그리스도를 점점 더 닮아 그리스도인다운 행복한 삶으로 고도를 높일 수 있다. 그렇다면 그리스도인다운 삶은 어떤 삶인가?

'그리스도인다운 삶'은 일단 거듭나는 시점에 시작된다. 거듭나야 그리스도인으로 제대로 살아가기 시작하는 것이다. 그리스도인다운 삶은 그리스도인으로 재창조된 후 성장하면서 하나님께는 영광을, 사람들에게는 영향을 미치는 새로운 피조물의 삶이다(고후 5:17). 성부 하나님의 뜻대로 성자 하나님 안에서 성령 하나님의 능력으로 중생해서 삼위일체 하나님의 생명 및 능력과 접속되어 예수 그리스도의 생명을 체험하고 전달하는 생명 사역자의 삶이다(요 15:7-11).

요컨대 성경 읽는 태도를 바로잡아야 한다. 성경이 대체 어떤 책이기에 성경 읽는 태도를 바로잡아야 하는가? 성경은 삶의 원천이다. 그리스도인은 성경을 통해 천국의 영원하고 참된 생명을 얻고 성경에 따라 살아가면서 천국 시민의 사명을 감당하고 천국의 복을 누린다. 성경은 하나님이 우리에게 부치신 사랑의 편지이다. 성경은 그리스도인이 하나님의 사랑을 받아 하나님을 사랑하고 사람을 사랑하면서 살아갈 구원 지혜의 원전原典이다. 성경은 그리스도인의 신앙과 행위의 절대 기준이다. 성경은 성령의 감동으로 기록된 정확무오한 말씀이다. 성경은 성부 하나님의 구원 맨션 설계도設計圖요, 성자 하나님의 구원 맨션 완공도完工圖요, 성령 하나님의 구원 맨션 입주도入住圖이다. 성경은 한마디로 무궁무진한 구원 자원의 보고寶庫다.

"성경을 읽기만 하면 되지, 굳이 어떻게 읽으라는 지침까지 필요한가?" 이런 질문에 나는 이렇게 반문하고 싶다. "당신은 무진장 보고, 성경을 얼마나 활용하고 있는가? 당신에게 성경은 혹시 입술로만 고백하는 무용지물無用之物이 아닌가? 성경이 혹시 머리로만 알고 아무 힘도 얻지 못하는 무력지물無力之物이 아닌가? 성경이 혹시 평소에는 '먼지 묻은 책'이고 심방 때는 '먼지 터는 책'이 아닌가? 성경이 혹시 서점에서는 '가장 잘 팔리는 책bestseller'이지만 당신에게는 '가장 안 읽는 책most unread'이 아닌가?"

생명의 책, 성경을 읽어도 거듭나지 못하는 데는 이유가 있다. 영적인 만나, 성경을 읽어도 굶주리는 데는 이유가 있다. 생명 사역의 교본, 성경을 읽어도 복음으로 사람을 살리고 키우고 고치는 생명 사역에 무기력한 데는 이유가 있다. 사랑의 편지, 성경을 읽어도 하나님 사랑을 깨닫지 못하고, 하나님을 사랑하지도 이웃을 사랑하지도 못하는 데는 이유가 있다. 변화의 촉매, 성경을 읽어도 사회 변화와 세계 변화의 영향을 못 끼치는 데는 이유가 있다.

이러한 이유가 무엇인가? 이런 문제를 어떻게 해결할 것인가? 성경을 어떤 태도로 읽으면 그리스도인다운 인생으로 고도를 높일 수 있는가?

1. 마음을 개방하라 ─────────

성경은 하나님의 말씀이다. 하나님은 영靈이시라 외모를 보시지 않고 마음(영)을 보신다. 하나님의 말씀인 성경을 통해 하나님을 만나기 위해서는 무엇보다 먼저 하나님을 향해 마음을 열어야 한다.

누구나 성경 앞에서 당연히 마음을 연다고 생각하겠지만, 정말 그런가? 불신자도 성경을 읽을 수 있다. 마음을 닫고서 얼마든지 성경을 읽을 수 있다. 기독교를 논박하고 박멸하기 위해서나 지적인 호기심을 충족하려고 성경을 읽을 수 있다.

신자의 경우에는 어떤가? 마음이 온통 세상에 빼앗겨 성경에 대해서는 닫혀 있을 수 있다. 세상의 단것을 너무 많이 먹어 말씀 식욕이 사라졌을 수도 있다. 성경 말씀이 세상살이에 도움이 되지 않는다고 생각할 수도 있다. 심지어 성경 말씀이 자유롭게 사는 내게 쇠고랑이라고 생각할 수도 있다. '또 읽어야 하나? 또 설교 시간이야?[2] 또 성경 공부야?' '다 아는 말씀인데…' '바빠 죽겠는데…' 이런 태도를 취할 수도 있다.

워런 버핏과 점심 한 끼를 먹으면서 지혜를 얻으려고 246

1. 마음을 개방하라

억 원을 투자한다고 한다. 하나님의 지혜를 얻는 데는 시간과 관심을 얼마나 투자하는가? 다윗은 여호와의 율법을 즐거워하여 주야로 묵상했다는데(시 1:2) 우리는 어떤가? 다윗은 말씀 예찬에 176절(시 119편)을 썼는데 우리는 '성경 예찬' 4행시라도 쓸 수 있는가? 이런 질문을 던져 보면 하나님의 말씀에 대해 마음이 어느 정도 열려 있는지 가늠할 수 있다.

사실 우리가 하나님의 말씀에 대해 마음을 열지 않는 것은 앞서 지적한 대로 우리의 마음이 하나님보다 세상의 다른 것들을 더 사랑하기 때문이다. 존 파이퍼John Piper는 이렇게 지적했다.[3]

> 성경 읽기에 가장 큰 장애물은 지적인 것이 아니다. 그것은 읽는 재능이 없기 때문이 아니다. … 성경 속에 있는 것을 보지 못하게 하는 장애물들 가운데 하나님보다 다른 것들을 더 사랑하는 마음보다 더 큰 장애물은 없다. 이것이 바리새인들의 경우처럼 성경의 주인공에 집중하지 못하게 하는 가장 큰 요인이다. 우리가 성경을 읽을 때 하나님의 목표는 우리가 어떤 것보다 더 바람직한 하나님의 영광을 보고 맛보게 하시는 것이다. 우리의 마음이 신神의 영광이나 돈이나 어떤 다른 피조물과 간음하는 사랑에 노예가 되어 있을 때 이런 목표가 이루어지지 않는다.

성경에 마음을 열어야 한다고 했는데, 마음이 가장 활짝 열린 상태는 어떤 상태인가? 버핏의 말 한마디 들으려고 수백억 투자하는 것과 같은 태도, 하나님의 태산 같은 지혜 광산 앞에 호미 든 태도(욥 28장), 하나님의 말씀을 듣는 것보다 더 중요한 시간은 없다는 태도, 평소에는 하나님의 생명과 능력을 얻고 고난 중에는 하나님의 위로를 받겠다는 태도(시 119:50), 하나님의 말씀이 송이 꿀보다 더 달다는 태도(시 19:10), 성경 읽는 시간을 연인과의 데이트보다 더 달콤하게 여기는 태도. 이런 목표로 성경 앞에서 최대한 마음을 여는 것이 중요하다.

팀 켈러^{Tim Keller}도 성경을 읽을 때는 머리보다 마음이 더 중요하다고 했다.[4]

> 우리는 주로 머리^{brain}로 성경의 메시지를 받는다는 인상을 결코 주지 말아야 한다. 물론, 우리의 머리가 중요한 역할을 하고, 학적인 자원도 부분적으로 도움이 된다. 그러나 최고의 방식으로 성경을 이해하느냐 못 하느냐를 결정하는 것은 항상 결국 우리 마음의 상태다. 예수께서도 항상 '들을 머리가 있는 자는 생각할지어다'라고 하지 않고 '들을 귀가 있는 자는 들을지어다'라고 하신다.

청교도 신학자 존 오웬^{John Owen}도 이렇게 말했다.[5]

> 머리가 수용하는 교리의 틀 속으로 마음이 들어갈 때, 진리
> 의 증거와 필요성이 우리 속에 거주할 때, 말씀의 의미가
> 머리에 있지 않고 우리 마음에 있을 때, 우리가 주장하는
> 교리 속에서 하나님과 교제할 때, 그때 우리는 하나님의 은
> 혜로 인간들의 모든 공격을 방어하는 요새 속에 들어가는
> 것이다.

엘머 타운즈^{Elmer Towns}와 더글라스 포터^{Doglas Porter}도 『세계
10대 부흥의 역사』라는 책에서 마음을 여는 것이 성경 이해
에 얼마나 중요한지를 다루었다.[6] 우선 왜 성경 앞에서 마음
을 열지 않을까? 성경의 가치를 모르기 때문이다. 역사 속에
성경의 가치를 모르게 만든 계기가 있었다. 그중 하나가 프랑
스대혁명(1789-1799년)이다. 프랑스대혁명은 창조주 하나님의
계시인 바이블^{Bible}을 피조물 인간의 이성으로 재단하려 한 인
본주의 바벨탑^{Babel}이다.

하나님과 하나님의 계시에 마음을 닫은 인본주의/합리주
의 사고 때문에 제1차 대각성 운동^{The First Great Awakening}이 중
단되었다. 청교도^{Puritan} 신학을 가르치던 미국 대학들이 계몽
철학을 가르쳤다. 토마스 페인^{Thomas Paine}의 『이성의 시대^{Age of}

Reason』는 성경 계시를 조롱했다. 학생들은 당시 계몽사조 철학 서적들을 쉽게 구해 읽으면서 영향을 받았다. 대학 다니는 목회자 후보생들이 인본주의/합리주의 사고에 물들어 마음이 싸늘해졌고, 마음이 싸늘한 학생들이 목회자가 되어서는 교인들의 마음을 싸늘하게 만들어 결국 교회들을 죽여 버렸다.

프랑스 철학자들을 존경하는 동아리들이 조직되었다. 기독교 대학이 회의주의의 센터가 되었다. 대학생들이 계몽사조의 합리주의를 점점 더 수용하면서 하나님의 말씀을 버리니 말씀대로 살아가야 하는 도덕 수준이 땅에 떨어져 윤리적 재앙이 나타났다. 급진파 학생들이 캠퍼스를 장악하고 성찬과 예배를 조롱하기도 했다. 소위 '깨운다'는 계몽啓蒙사조에 영향을 받아 '깼다'는 학생들이 총장을 해임으로 몰아가기도 하고, 학교 건물 폭파를 시도하기도 했다. 그것은 '깨어난' 태도가 아니라 '망가진' 태도임에도 대학생들은 그것을 알지 못했다.

1795년, 이런 상황에서 조나단 에드워즈Jonathan Edwards의 손자 티모시 드와이트Timothy Dwight가 예일 대학 총장이 되었다. 계몽사조가 태풍처럼 대학가를 휩쓸고 지나가면서 학교와 교회를 무너뜨릴 때 여러분이 총장이라면 어떻게 하겠는가? 계몽사조에 사로잡힌 학생들이 기독교를 의심하고 비판

1. 마음을 개방하라

하고 교회를 떠나버리는 시대에 살고 있다면 여러분은 평신도로서 어떻게 하겠는가?

어떤 그리스도인은 공식 교육을 받지 못한 열등의식으로 공식 학위 자체에 위협을 느끼고 아예 넋이 나간 채 손을 놓고 있었다. 어떤 그리스도인은 목회자가 되려는 대학생 자녀를 위해 간절히 기도하면서 하나님께서 개입해 주시기를 고대하고 있었다.

티모시 드와이트 총장은 그런 때에 하나님께서 준비해 두신 인물이었다. 그는 당시 최고의 교육을 받아 최고로 존경받는 목회자, 그야말로 최고로 박식한 목회자였다. 할아버지 조나단 에드워즈를 통해 대*각성 이야기를 많이 들었던 터라 대각성에 친숙해 있었다. 지성인일 뿐 아니라, 부흥 열정이 들끓는 영성인으로 신앙에 방해가 되는 일체의 지식은 아예 받아들이지도 않았다.

티모시 드와이트는 예일 대학 총장이 되었을 때 '신앙은 신앙이고 학문은 학문'이라는 식의 이분법에 빠져 있지 않았다. 그는 반ʳ기독교적인 캠퍼스의 문제들을 회피하지 않고 정면으로 다루기 시작했다. 토론 열기가 쩔쩔 끓는 학생들에게 "성경의 진리를 자유롭게 공격하라고 초청하고서는 채플에서 예리한 시리즈 설교로 답변했다."[7] 계몽사조가 기독교를 비판할 때 나타나는 문제점들을 일일이 구구절절 논파했다.

"불신 철학의 본질과 위험The Nature and Danger of Infidel Philosophy"
"성경이 하나님의 말씀인가?Is the Bible the word of God?" 등의 강
의를 통해 이신론理神論과 유물론唯物論의 다양한 원리들을 논박
했다. 그는 심지어 계몽사조 서적들을 "인간들이 토해낸 찌꺼
기"라고 학문적으로 비판했다.

기독교를 의심하고 부인하면서 인본주의/합리주의에 동정
적이었던 학생들이 드와이트 총장의 설교와 강의를 들으면서
변화되기 시작했다. 학생들은 기독교도 학문적으로 믿을 만
한 시스템이라는 확신을 얻었다. 학생들은 드와이트 총장을
존경하고 흠모하기까지 했다.

드와이트 총장이 선조들의 복음 신앙을 철학적 언어로 설
교할 때 학생들은 엄청난 영향을 받았다. 1802년 학생 부흥
운동The 1802 Yale College Revivals 때에는 예일 대학 전교생 1/3이
회심하는 부흥이 일어났다. 예일대학교 부흥 소문이 다트머
스Dartmouth, 윌리엄스Williams, 암허스트Amherst 등 주변 대학으로
번져나갔다. 다른 대학의 학생 수백 명도 유사한 성령 체험으
로 회심했다. 미국 대학들을 사로잡고 있던 '불신앙不信仰 운동'
이 급속도로 종지부를 찍었다. '고등교육이 기독교 신앙과 모
순되지 않는다'는 각성 운동도 일어났다.

리처드 로블리스Richard Lovelace는 티모시 드와이트 총장의 영
향을 이렇게 평가했다. "예일 대학 총장, 에드워즈의 손자 티

23

모시 드와이트는 거의 획일적으로 비기독교적인 학생들과 마주해서 계몽사조의 논증들을 꾸준하게 논파하고 능숙한 변증을 통해 연거푸 부흥 추수를 했다. 예일과 기타 대학들은 기독교계와 당시 싹트던 해외 선교 운동에 새로운 지도자들을 배출했다."[8]

미국만 아니라 유럽도 마찬가지였다. 스코틀랜드 부흥의 주역이었던 로버트 홀데인Robert Haldane과 제임스 홀데인James A. Haldane 형제가 스위스에 갔을 때 성경에 대해 마음을 닫은 스위스 개혁교회들은 쇠퇴 일로에 들어서 있었다. 1810년 몇몇 청년들이 '친목회'를 만들어 당시 교회의 영적 배교에 대해 복음적 반응을 보이기도 했다. 그러나 그 친목회는 아리우스 이단(그리스도의 신성 부인)에 빠진 성직자들의 반대로 1814년 해체되었다. 스위스 개혁교회를 떠나 모라비안 교회로 옮기는 교인들도 있었다.

당시에는 츠빙글리나 칼뱅 같은 개혁자들처럼 성경에 푹 빠진 사람들이 별로 없었다. 신학대생들이 졸업할 때까지 성경을 일독도 하지 않았다. 어떤 학생은 이렇게 고백했다. "내가 제네바에서 4년 동안 신학 강의를 들었지만, 하나님의 말씀을 한 장도 읽지 않았다. 히브리어를 배우기 위해 시편 몇 장과 다른 성경 몇 장을 읽은 것 외에는 구약이나 신약의 주석을 한 강의도 들어본 적이 없었다."[9] 홀데인 형제는 이런 상황 속에서 성경과 성령을 통해 1816년 제네바 제2차 종교 개혁과 큰 부흥을 일으켰다.

세계 교회 부흥 역사를 놓고 볼 때 이처럼 성경에 대해 마음을 닫았을 때는 교회도 쇠퇴하거나 소멸하고, 사회도 도덕적으로 죽어 있었다. 그러나 마음을 열고 성경을 읽을 때는, 그 계기야 어떠하든, 사람들이 하나님의 생명과 접속되어 교회도 살고 사회도 살고 세계도 살아났다.

지금도 우리가 세속이나 이단이나 이념에 물들어 성경에 대해 마음을 닫을 때 개인이 영적으로 죽고, 교회가 공동체로 죽고, 사회와 세계가 죽음으로 치닫는다. 우리는 어린아이처럼 마음을 열고 겸손하게 성경을 읽고 듣고 대해야 한다. 하나님께서 스스로 지혜롭다는 자들에게는 말씀을 숨기시고 어린아이들에게는 나타내신다.

예수께서도 "천지의 주재이신 아버지여 이것을 지혜롭고 슬기 있는 자들에게는 숨기시고 어린아이들에게는 나타내심을 감사하나이다. … 수고하고 무거운 짐 진 자들아 다 내게로 오라 내가 너희를 쉬게 하리라"고 하셨다(마 11:25, 28). 예수께서 어린아이와 같은 태도와 예수 그리스도께서 주시는 안식을 연결하신 것에 주목하라. 어린아이가 젖을 사모하여 먹고 흡족해하듯, 천국의 의로운 말씀에 주리고 목마른 자는 예수 그리스도 안에서 하나님의 말씀을 먹고 흡족해서 안식을 누린다.

사무엘은 "여호와여 말씀하옵소서 주의 종이 듣겠나이다"라고 했다(삼상 3:9). 사무엘은 하나님의 말씀을 받아 전함으로 당시 어두운 세상을 밝게 했다. 예수께서는 마리아처럼 자신의 발 앞에서 말씀을 경청하는 태도를 진수성찬 대접하는 것보다 더 귀하게 보셨다(눅 10:39). 불신자들 특히 불신 지성인들이 교만한 마음을 내려놓고 하나님의 말씀을 들을 때에 하나님의 생명과 능력에 접속하게 된다. 그리스도인들도 어린아이처럼 마음을 열고 겸손하게 사모하면서 하나님의 말씀을 듣고 읽을 때 하나님의 생명과 능력을 체험한다.[10]

마음을 개방하라! 세상에 빼앗긴 마음은 성경에 닫힌 마음이다. 세상에 분주한 마음은 성경을 귀찮게 여긴다. 세상 맛에 길들어진 마음은 성경 맛을 느끼지 못한다. 죄악의 자유에 들뜬 마음은 진리의 자유(요 8:32)를 쇠고랑으로 여긴다. 성경 앞에서 우선 자신의 마음부터 점검하라. 하나님의 말씀 앞에서 마음을 활짝 열겠다고 결단하라. "주님, 말씀하옵소서! 종이 듣겠습니다!"

2. 성령을 간구하라 ────────

마음의 문을 열고 성경을 읽을 때 성경의 저자이신 성령께 의존해야 한다. 하나님의 말씀을 즐거워하여 주야로 묵상하는 시편 1편의 다윗, 하나님의 말씀을 송이 꿀보다 더 달다고 한 시편 19편의 다윗, 하나님 말씀을 176절로 예찬한 시편 119편의 다윗. 이런 다윗처럼 마음을 열기 위해서는 성령에 의존하는 기도를 할 수밖에 없다. 사탄이 세상의 유혹과 육체의 죄성罪性으로 성경을 귀찮게 여기고 부담스러워해서 멀리하게 하니 성령께 의존할 수밖에 없다. 사탄과 세상과 자아의 죄성이 닫아버린 마음을 열어 달라고 성령께 간구해야 한다. "내 눈을 열어서 주의 율법에서 놀라운 것을 보게 하소서"(시 119:18).

성경을 읽기 시작할 때, 말씀을 받아먹지 못하게 하고 받아도 빼앗아 가는 사탄과 전투가 시작된다. 네 종류의 밭 비유(마 13:19-23)에서 보는 대로, 사탄은 세속의 영향을 받아 마음이 단단하고 완악한 길가밭처럼 되게 하여 말씀을 아예 받지 못하게 한다. 사탄은 세속의 돌들에 가로막혀 말씀이 마음에

29

뿌리내리지 못하게 돌짝밭처럼 만들어 놓는다. 사탄은 말씀이 뿌리를 내려도 올라올 때 이생의 염려와 재물의 향락에 질식하도록 가시밭을 만든다. 사탄의 이런 방해를 물리치고 길가밭과 달리 말씀을 받아들여서, 돌짝밭과 달리 말씀을 깨닫고 뿌리를 내리되, 가시밭과 달리 말씀이 자라나서 옥토처럼 30배, 60배, 100배의 열매를 맺게 하려면 반드시 성령의 역사가 있어야 한다.

현실적으로 볼 때, 사탄은 말씀 앞에서 졸리게 만들고 말씀이 맛이 없다며 권태롭게 만들고 말씀이 길다고 지루하게 만든다. 사탄은 말씀이 쓸데없다고 무관심하게 만들고, "바쁘다, 바빠!"라면서 10장에서 5장, 5장에서 3장, 3장에서 1장, 1장에서 몇 절로—더 깊이 묵상하기 위함이라는 핑계와 함께—읽는 분량을 줄이게 만든다. 사탄은 유튜브, 텔레비전, 신문, 학문, 게임, 가십, 대화에는 시간 가는 줄 모르게 만들면서, 성경 말씀 앞에서 이토록 졸리고 권태롭고 지루하고 무관심하고 읽는 분량을 줄이게 만드는 것이다. 이렇기에 성경을 읽을 때는 사탄의 술책을 물리치기 위해서 성령을 간구해야 한다.

조나단 에드워즈는 이런 의미에서 성경을 영적으로 읽어야 한다고 했다.

성경을 영적으로 이해하는 것은 마인드의 눈이 열려서 성
경의 참된 의미 속에 포함된 영광스러운 것들의 놀라운 영
적인 탁월성—그것은 성경 기록 이후 항상 거기 있었던
것—을 보는 것이다. 그것은 또한 하나님의 완전한 것들이
사랑스럽게 밝히 나타난 것, 즉 그리스도의 탁월성과 충분
성, 그리스도에 의한 구원의 길의 탁월성과 적절성, 성경의
교훈들과 약속들의 영적인 영광을 보는 것이다. … 특정 개
인에게 새로운 의미로 새롭게 말해지는 것이다.[11]

성경을 앞에 두고 읽기 시작하기 전에 반드시 해야 할 일이
있다. 간단한 한두 마디 기도이다. "성령으로 기록하게 하신
말씀을 성령으로 깨닫게 해 주시옵소서." 이런 기도가 성경
읽기의 필수다. 요한계시록을 읽을 차례가 되었을 때 성경을
앞에 두고 바로 이런 기도를 드린 적이 있다. 그리고 읽는데
놀랍게도 성령께서 깨닫게 해 주시는 것이 많았다. 항상 거기
있던 말씀인데, 마음에 특별하게 부딪혀 왔다. 이것이 성령으
로 성경을 깨닫는 것이다.

가령 '계시록을 어떻게 해석할 것인가?' 하는 문제에 대한
답, 곧 계시록 해석의 비결은 계시록 자체에 있다는 답을 얻
었다. 계시록 1장에 계시록의 주인공이신 '영화의 그리스도'
가 나오시는데 그분은 일곱 촛대 사이에 다니시고 오른손에

31

일곱 별을 붙잡고 계신다. 그렇다면 일곱 촛대가 무엇이고, 일곱 별이 무엇인가? 1장 20절에 '일곱 별=일곱 교회의 사자들 messengers, 일곱 촛대=일곱 교회'라는 자체 해석이 나온다. 계시록의 상징 해석의 단서가 계시록 자체 안에 있다는 중요한 해석원리가 여기에 있다는 것이다. 계시록의 다른 부분을 해석할 때도 이것을 명심하는 것이 중요하다.

계시록을 계속 읽는데 2장 23절이 다시 마음에 부딪혀 왔다. 계시록의 상급론을 말할 때 22장 12절만 생각하는 경향이 있다. "보라 내가 속히 오리니 내가 줄 상이 내게 있어 각 사람에게 그가 행한 대로 갚아 주리라." 예수께서 계시록 마지막 장인 22장에서 상급 약속을 분명하게 하신 것이다. 그런데 예수께서는 계시록 22장에서만 상급 약속을 분명하게 하신 것이 아니라 계시록 앞부분 2장 23절에서도 상급 약속을 분명하게 하신 것이다. "모든 교회가 나는 사람의 뜻과 마음을 살피는 자인 줄 알지라 내가 너희 각 사람의 행위대로 갚아 주리라."

예수께서 계시록 2장에서 상급 약속을 분명하게 하신 것은 2-3장의 문맥을 볼 때 상벌을 분명하게 하신 것이다. 특히 예수께서는 2장 22-23절에서 "자칭 선지자"라는 영성을 명분으로 내세우고 혹할 정도의 미모로 "내 종들"을 유혹하여 행음하게 하고 우상의 제물을 먹게 했다(2:20). 예수께서는 그런

이세벨을 "침상에 던질 터이요 또 그와 더불어 간음하는 자들도 만일 그의 행위를 회개하지 아니하면 큰 환난 가운데 던지고 또 내가 사망으로 그의 자녀를 죽이[겠다]"고 징계를 경고하신 것이다(계 2:22). 계시록 2-3장에서는 이처럼 상의 약속과 벌의 경고가 계속 반복해서 나온다. 이처럼 계시록의 상벌론이 내 마음에 아주 선명하게 부딪혀 온 것이다. 성경을 읽기 전에 성령께서 깨닫게 해 주시기를 간구한 후에 말씀이 이렇게 선명하게 가슴에 부딪혀 오는 경험을 하면서 '성령을 간구하라'는 메시지가 더욱 분명해졌다.

영혼이 다시 살아나는 개인의 심령 부흥은 성령의 심방이다. 1907년 평양 부흥 같은 교회의 부흥은 성령의 대*심방이다. 부흥이 도무지 일어나지 않을 것 같은 곳에서도 성령께서 사람들의 마음을 감동하시면 성경 말씀을 통해 심령 부흥과 교회 부흥을 일으키신다. 성경을 대할 때 반드시 성령의 감동을 간구해야 함을 개인 심령 부흥과 교회 부흥을 통해서도 알 수 있는 것이다.

일본은 기독교 역사상 유례를 찾아볼 수 없을 정도로 부흥 성장한 한국에 인접해 있지만, 부흥이 일어나기 참으로 힘든 나라다. 그러함에도 불구하고 1907년 한국 부흥 이전에 일본은 이미 부흥을 체험했다.

1872년 일본 요코하마에서 한 주간 성령께 의존하는 기도회가 열렸고 놀라운 결과가 있었다. 1883년에도 복음주의 각성이 일본 교계 전체와 대학가에 번져나갔다. 도쿄 아오야마 가쿠인 대학 교직원들과 학생들 전체가 영향을 받았다. 1884년 1월에도 교토 도시샤 대학에서 기도 주간이 있었는데, 3월까지 계속되었다. 그 결과 2백 명의 학생들이 세례를 받았다. 다른 대학들에서도 각성 운동이 일어나 죄 고백과 회복과 지속적인 기쁨이 있었다. 그 기간에 일본 개신교 총 교세가 4천 명에서 3만 명으로 늘어났다. 역사가들은 이것을 '1883-1888 급성장'이라고 한다. 이런 일본 교회가 반反복음 신학의 유입으로 성장이 둔화했다.[12]

『세계 10대 부흥의 역사』에 아래와 같은 내용도 있다. 일본은 1900년에도 10년이나 집중적인 복음 전도를 통한 각성 운동이 시작되었다. 복음주의 교회들은 전도를 위해 열심히 기도했다. 그 결과 일본 도시들에 부흥이 일어났다. 10년 동안 전체 교인 수가 2배나 증가했다. 전도 캠페인 중 노일전쟁이 있었음에도 부흥이 일어난 것이다.[13] 그러다가 인본주의/합리주의 신학이 득세하면서 일본 교회의 부흥이 중단되었다. 1857년 부흥과 1883-1888 부흥과 1900년 부흥도 인본주의/합리주의 신학을 전한 설교자들 때문에 중지되었다.[14]

앞서 언급한 대로 미국도 인본주의/합리주의 사고로 청교도 신학을 대체하면서 제1차 대각성 운동이 멈추고 말았다.

미국 대학들이 목회자들을 훈련할 때 합리주의에 경도된 사고가 학생들의 마음을 싸늘하게 식혀서 결국 교회들을 죽여버린 것이다.[15]

그리스도인은 인간 이성에 의존하기보다 성령 하나님께 최우선으로 의존해야 한다. 성경은 성령의 감동으로 기록된 책이다. "모든 성경은 하나님의 감동으로 된 것으로 교훈과 책망과 바르게 함과 의로 교육하기에 유익하니 이는 하나님의 사람으로 온전하게 하며 모든 선한 일을 행할 능력을 갖추게 하려 함이라"(고후 3:16-17). 성경은 성령의 감동으로 된 책이기 때문에 인간 이성으로 하나님을 부인하거나 싫어할 때 성령의 부흥은 중단된다. 성경을 연구하면서도 성령에 의존하지 않을 때 성령의 부흥은 중지된다.

성령은 민감하신 인격자이시기에 사람들이 성령을 무시하거나 멸시할 때 활동을 철수하신다. 미국 버지니아주 린치버그 토마스 로드 침례교회Thomas Road Baptist Church의 일시적인 부흥에서도 이것이 나타났다.

교인들이 수요일 저녁기도회가 끝난 뒤에도 한 시간 넘게 계속 남아 있었다. 목사님들과 교인들 대부분이 귀가한 후에도 일부 교인들이 밤 10시 30분에 교회 안에서 서성대고 있었다. 그때 갑자기 한 학생이 일어나 강단 앞으로 가서 울면서 죄를 고백했다. 마이크와 강단 전등이 다 꺼진 상태에서 그 학생이 열정적으로 회개하자 아직 예배당에 있던 사람들이 관심을 기울이기 시작했다. 어떤 사람은 찬양하기 시작했고, 또 다른 사람은 눈물로 회개하는 소리를 방해하지 않으려고 피아노를 부드럽게 치기 시작했다. 사람들은 무릎을 꿇었다. 갑자기 또 다른 사람이 강대상으로 나가 죄를 고백했다. 곧 다른 사람들도 뒤따라 죄를 고백했다. 두 시간 후에 교인들이 목사님에게 전화를 돌렸다. 연거푸 울리는 사택 전화에 "우리 교회에 부흥이 일어났습니다!"라는 흥분한 목소리들이 들렸다.

부흥 소문을 들은 목사님과 교인들은 한밤중에 허겁지겁 옷을 입고 밤의 어두움을 뚫고 교회로 갔다. '하나님을 만나겠다'는 기대로 넥타이도 매지 않고 주일 정장도 하지 않은 채 교회로 달려왔다. 곧 주님의 영광이 예배당으로 밀려 들어왔다. 그 여파는 수요일 밤부터 토요일 아침까지 계속되었다. 교인들이 일상생활을 중지하고 강의도 중지하고 일도 나가지 않고 심지어 식사도 안 하고 교회에 머물러 있었다.

졸음을 이겨내지 못할 때는 좌석 위나 밑에서 잠을 잘지언정 떠나지 않았다. 예배당을 떠나면 하나님의 생생한 임재를 놓칠 것 같았기 때문이다. 교인들은 하나님께서 하시는 일을 하나도 놓치지 않으려고 교회 안에 머물렀다. 교인들은 밀물처럼 밀려오시는 성령을 체험했다. 교인들이 공개적으로 큰 소리로 죄를 고백하거나 조용히 울음을 삼키면서 고백했다.

부흥은 토요일 아침에 중지되었다. 어떤 학생이 일어나 자기 죄를 고백하는데 마치 자신의 죄를 자랑하는 것 같았다. 수치심도 없고 아픈 가슴도 없이 영웅담을 늘어놓듯 고백한 것이다. 그러자 사람들의 마음을 아시는 성령께서 그 모임에서 떠나셨다. 한 시간 내에 모든 사람이 부흥이 끝났음을 직감하고 다 일상생활로 돌아갔다.[16]

이토록 민감하신 성령 하나님의 감동으로 된 책이 성경이기에 성경 속에 하나님의 창조와 부활의 숨길이 들어 있다. 그렇기에 자연인은 성령의 말씀을 분별하지 못한다. 성경은 영적으로라야 분별한다(고전 2:8-12). 성경을 바로 깨닫기 위해서는 일단 중생해야 하고 중생한 후에도 성령에 계속 의존해야 한다.

중생하지 않은 학자가 성경 주석을 쓰는 것을 어떻게 보아야 하는가? 중생하지 못한 신학자는 성경을 이해한다고 해도 문자만 이해할 뿐, 가슴으로 이해하지는 못한다. 꿀이 달다고 말만 할 뿐, 단 꿀을 먹어보지 못했다. "세상의 신이 믿지 아니하는 자들의 마음을 혼미하게 하여 그리스도의 영광의 복음의 광채가 비치지 못하게 함이니 그리스도는 하나님의 형상이니라"(고후 4:4).

구약 성경을 읽고 가르치는 스승 니고데모도 성령의 도움이 없이는 그리스도인이 되는 출발점 즉 중생 교훈을 깨닫지 못했다(요 3:1-12). "율법 조문은 죽이는 것이요 영은 살리는 것이니라"(고후 3:6).

그리스도인은 성령에 의존하고 성령의 안내를 간구해야 한다. 그리스도께서 성령을 주셔서 모든 진리를 깨닫게 해 주시도록 간구해야 한다. 성경 전체도 깨닫고 각 구절도 깨닫도록 간구해야 한다. 성경을 읽고 난 후에 읽은 말씀이 가슴에 새겨져서 생활(사랑)의 열매를 맺도록 간구해야 한다. 성령께서 빛을 비추시고 심령에 불을 붙이시도록 간구해야 한다. 성경을 읽을 뿐 아니라 밥처럼 먹고 음료처럼 마셔서 소화하도록 간구해야 한다.[17]

미국 웨스트민스터 신학교는 성경을 성령의 감동으로 된 정확무오한 말씀으로[18] 받아들인 구舊 프린스턴Old Princeton 신학을 따르면서도 동시에 성령의 실존적 부흥을 강조하는 조나단 에드워즈의 신학도 따라간다. 에드워즈 신학은 한마디로 개혁주의 부흥신학이다. 에드워즈는 "강렬한 영적 체험의 사람"으로 다른 사람들에게 영적인 교훈을 주는 데 혼신의 힘을 쏟았고, 동시에 "기독교적 경건의 전형"이었다. 에드워즈는 창조주 하나님의 아름다운 위엄과 영광을 느꼈고 경건을 지성에 앞세웠다.[19]

리처드 로블리스는 조나단 에드워즈의 부흥신학을 이렇게

요약했다.

그것은 공동체의 타락기 이후에 하나님의 백성들을 정상
적인 영적 생활로 회복시키는 성령의 쏟아부으심이다. 속
에 있는 심각한 죄 때문에 신자들은 형식적인 종교에 빠지
고 후에 공개적 배교로 나가기 때문에 영적인 침체기가 찾
아온다. 하나님께서 자기 백성들 속에 은혜롭게 생명을 불
어넣으실 때에 영적인 침체기 다음에 각성기가 찾아온다.
지상地上에서 천국의 중요한 진전은 성령의 전반적인 쏟
아 부으심을 신호로 이루어진다.[20]

조나단 에드워즈는 '성령 사역의 특징'이란 논문에서 성령
사역의 특징을 다섯 가지로 요약했다. ① 성령 사역은 그리스
도를 높이고, ② 어둠의 왕국을 공격하고, ③ 성경을 높이고,
④ 건전한 교리를 진작하고, ⑤ 하나님과 사람들에 대한 사랑
을 쏟아붓는다.[21]

조나단 에드워즈는 성령의 은사보다는 위와 같이 하나님의
아름다우심을 깨닫고 즐기도록 하시는 성령의 역사役事를 강
조했다. 그는 성령의 은사들을 인정하면서도 은사들은 제한
적인 가치가 있다고 말했다. "나는 일 년 내내 예언적 환상들
과 계시들을 받기보다 15분 동안 하나님 안에서 겸손하게 즐

거워하는 것을 즐기고 싶다."[22] 조나단 에드워즈는 부흥이 교회에 새로운 에너지를 공급하지만 동시에 새로운 문제들(교만, 착각, 불균형)도 일으킨다는 것을 잘 알아서 성경에 근거한 균형잡힌 부흥신학을 주장했다.[23]

조나단 에드워즈처럼 성경을 연구할 때 성령에 의존해서 연구하는 것이 중요하다. 개혁주의 신학이 성경을 연구하고 가르치면서도 예수 그리스도의 생명을 체험하고 흘려보내지 못하는 이유는 조나단 에드워즈처럼 성령에 의존하는 간구를 하지 않고 성경을 연구하기 때문이다.

예수 생명의 복음을 체험하고 흘려보내는 것을 강조하는 개혁주의 생명신학[24]과 '천국 복음으로 사람을 살리고 키우고 고치는' 개혁주의 생명사역[25]은 '성경을 강해하여 성령으로 변화시키는 정신'(Bible Exposition Spirit Transformation, BEST)으로 성경을 연구하고 전파한다. 성경을 읽을 때도 '성경을 읽어 성령으로 예수 그리스도를 닮아 변화되겠다'는 태도로 읽어야 한다.

성경을 읽을 때 성령의 도우심을 얼마나 구하는가? 성령의 도우심을 한 번도 구한 적이 없는가? 성령의 도우심을 구할 때도 있고, 안 구할 때도 있는가? 성령의 도우심을 구한다고 하면서도 절실하게 구하지 않고 형식적으로 구하지 않는가? 철저한 자기 점검을 통해 앞으로 성경을 읽을 때는 반드시 성령의 도우심을 간절히 구하도록 결단하라.

3. 성경을 식음하라

성경은 밥처럼 먹고[食] 물처럼 마셔야[飮] 한다. 성경을 읽을 때는 일단 마음을 열고 성령의 가이드를 구하면서 영적인 양식으로 식음食飮해야 한다. "사람이 떡으로만 사는 것이 아니요 여호와의 입에서 나오는 모든 말씀으로 사는 줄 너희로 알게 하려 하심이라"(신 8:3). 하나님께서 광야에서 만나를 주신 것은 단순히 음식을 제공하신 것이 아니라 말씀으로 살도록 훈련하신 것이다. '매일 일정 분량의 만나를 거두라. 이튿날까지 두지 말라. 안식일 전날에는 두 배로 거두라. 안식일에는 나가지 말라'(출 16장). 하나님께서 만나를 주실 때 이런 말씀을 주셔서 말씀대로 살도록 낮추시고 시험하시고 마침내 복을 주셨다(신 8:16).

일정 분량 이상을 거두어도 남지 않았다. 이튿날까지 두면 썩었다. 안식일에는 나가도 없었다. 이것은 하나님께서 하나님의 백성으로 말씀대로 살게 하신 방식이었다. 사람은 물리적인 만나로만 사는 것이 아니라 하나님의 말씀으로 산다. 성경을 일용할 영적 양식으로 섭취해야 하는 이유가 여기에

43

있다.

건강관리나 질병 치료를 목적으로 숲에서 휴식 및 휴양을 취하는 것을 삼림욕森林浴이라고 한다. 나무는 산소를 많이 배출하고 박테리아 등 미생물을 죽이는 '피톤치드'라는 살균 물질을 발산한다. 그리스도인은 숲에서 삼림욕을 하듯 성경을 읽으면서 영성욕靈性浴을 한다. 성경을 읽으면 일단 성경의 맑은 공기를 마신다. 성경을 읽으면서 많은 것을 깨닫거나 체험하지 못해도 부지불식간에 맑은 공기를 마신다는 것이 중요하다. 그리스도인이 성경의 맑은 공기를 마시면 사탄과 세속과 육체[罪性]의 나쁜 세균들이 뿜어내는 탁한 공기를 물리친다.

성경은 일용할 양식이므로 매일 계속 읽어야 한다. 뒤에 더 자세히 말하겠지만, 등대의 서치라이트로 해변을 두루 살피듯 성경을 살펴야search the Scriptures 한다(요 5:39). 보물을 캐듯 파고들어야 한다(욥 28장). 피상적으로 대충 읽지 말고 음미해야 한다. 음식을 꼭꼭 씹어 맛을 보고 소화하듯 성경의 맛을 보고 소화해야 한다. 천국의 만나인 성경을 껍데기만 씹지 말고 알곡을 씹어야 한다. 송이 꿀보다 더 달다는 것을 느끼도록 씹어야 한다. "주의 말씀의 맛이 어찌 그리 단지요 내 입에 꿀보다 더 다니이다"(시 119:103; 19:10).

조지 휫필드George Whitefield는 평생 18,000회 이상 설교하면서 영국과 미국에 하나님의 능력으로 부흥의 불길이 타오르게 했다. 조지 횟필드가 부흥의 주역이 된 비결은 계속 하나님의 말씀을 식음한 데 있었다. "나는 성경을 내 무릎에 두고 읽기 시작했다. … 이것은 실로 내 영혼에 음식이고 음료로 입증되었다. 나는 매일 새로운 빛과 힘을 위로부터 얻었다."[26]

개인이 성경을 양식으로 섭취하면 개인이 영성욕을 하고, 가정이 성경을 양식으로 섭취하면 가정이 영성욕을 한다. 가정에 갈등과 반목과 혐오와 다툼이 잦은 것은 사탄과 세속과 육체의 탁한 공기가 가득해서 가족들의 영통靈通, 영적 숨통을 막기 때문이다. 찬송 한 장을 함께 부르고 성경 한 장을 돌아가면서 읽고 간단하게 돌림 기도하는 가정예배는 15분 내지 20분에 드릴 수 있다. 가정예배를 드리면 가족들이 영성욕을 하기 때문에 가정이 조금씩 맑아지면서 결국 화목한 가정이 된다.

성경을 필사하는 것은 아주 좋은 습관이지만 진도에 지나친 관심을 가지고 필사하면 성경의 양식을 섭취하지 못한다. 성경을 필사해서 유산으로 남겨야 하겠다는 집념으로 필사하다 보면 일용할 영적 양식을 못 먹을 수 있다. 진도도 중요하고 유산도 중요하지만, 필사자 자신이 성경을 통해 영적 양식을 섭취하는 것이 더 중요하다.

성경 암송 프로그램인 어와나(AWANA, 디모데후서 2장 15절 말씀대로 '인정된 일꾼은 부끄럽지 않다' Approved Workmen Are Not Ashamed)는 학생들이 성경을 기계적으로 암송하는 차원이 아니라 게임을 통해 성경을 즐기면서 암송하게 하므로 좋다. 성경을 즐긴다는 것은 성경의 주인공 예수 그리스도의 생명을 은연중 섭취하기 때문이다.

지금 영적 기근이 아주 심하다. 교인들이 영적으로 메말라 있다. 교회에 다니고 예배를 드리고 심지어 성경을 읽는데도 영적으로 배고프고 목마를 뿐 아니라 깊은 공허감이 있다. 영적으로 약할 뿐 아니라 거의 죽어 있다. 왜 그럴까?

새로운 것을 배우고 좋은 충고를 듣고 약간의 감동을 받기 위해 성경을 읽기 때문이 아닌가? 유흥 설교를 선호하고 설교를 즐기기만 하기 때문이 아닌가? 교재를 읽거나 유명 인사의 전기를 읽어서 약간의 감동과 격려를 받듯 성경을 읽기 때문이 아닌가? 성경을 단지 하나님을 지적으로 알려주는 교재로만 보기 때문이 아닌가? 행복한 사람, 좋은 사람이 되도록 교훈하는 책으로만 대하기 때문이 아닌가?

성경을 읽고 듣고 연구하는데도 영적으로 굶주린 것은 성경을 양식으로 섭취하지 않기 때문이다. 물리적인 음식을 먹고 음료를 마셔야 배가 부르고 목의 갈증이 사라진다. 안 먹으면 죽는다. 영적인 생명이 건강하게 자라기 위해서는 그리스도인이 영적인 양식인 성경을 먹고 마셔야 한다. 하나님의 말씀의 자양분을 섭취해야 한다.

성경 지식만으로는 영적인 굶주림이 해소되거나 영적인 갈증이 풀리지 않는다. 그래도 여전히 약하고 죽어 있을 수 있다. 굶주림을 해소해 주고 목마름을 해갈해 주는 것을 먹고 마셔야 양분을 얻고 힘을 얻어 자라고 일을 한다. 성경을 먹고 마셔야 영적인 생명과 능력을 얻는다. 성경을 식음할 때 그리스도인으로서 성숙해 가면서 행복하고 활기찬 생활을 할 수 있다.[27]

우리는 성경을 통해서 영적으로 출생한다.

> 믿음은 들음에서 나고 들음은 그리스도의 말씀으로 말미암았느니라. (롬 10:17)

> 그가 그 피조물 중에 우리로 한 첫 열매가 되게 하시려고 자기의 뜻을 따라 진리의 말씀으로 우리를 낳으셨느니라. (약 1:18)

> 너희가 거듭난 것은 썩어질 씨로 된 것이 아니요 썩지 아니할 씨로 된 것이니 살아 있고 항상 있는 하나님의 말씀으로 되었느니라. (벧전 1:23)

우리는 성경을 통해서 영적으로 성장한다.

예수께서 대답하여 이르시되 사람이 떡으로만 살 것이 아
니요 하나님의 입으로 나오는 모든 말씀으로 살 것이라 하
였느니라. (마 4:4)

갓난아이들같이 순전하고 신령한 젖을 사모하라 이는 그
로 말미암아 너희로 구원에 이르도록 자라게 하려 함이라.
(벧전 2:2)

갓난아이는 젖을 맛보아 안다. 젖맛을 알기 때문에 어떤 다
른 것보다 젖을 사모한다. 갓난아이는 젖을 먹으면서 흡족해
하고, 젖을 먹으면서 자란다. 우리도 갓난아이처럼 하나님의
말씀을 통해 선하신 하나님을 맛본다. 말씀을 통해 선하신 하
나님을 맛보면서 자란다.

너희는 여호와의 선하심을 맛보아 알지어다 그에게 피하
는 자는 복이 있도다. (시 34:8)

아우구스티누스는 이렇게 고백했다.

나는 알피우스가 앉아 있던 자리로 급히 돌아갔다. 내가 그의 곁에서 떠나면서 두고온 바울 서신이 거기 있었기 때문이다. 나는 그것을 붙잡고 펼쳐 조용하게 내 눈이 닿는 첫 구절을 읽었다. "방탕하거나 술 취하지 말며 음란하거나 호색하지 말며 다투거나 시기하지 말고 오직 주 예수 그리스도로 옷 입고 정욕을 위하여 육신의 일을 도모하지 말라." 더 이상 읽고 싶지 않았고 읽을 필요도 없었다. 그 구절 끝에 갔을 때 즉시 확신의 빛이 내 마음으로 홍수처럼 밀려들어 왔고 의심의 모든 어두움이 사라졌기 때문이었다.[28]

존 파이퍼는 아우구스티누스가 하나님의 말씀을 통해 어두움이 사라지는 경험을 한 것은 그것이 당장 그의 성적인 죄와 관련되어 있다는 피상적인 이유만이 아니라, 그 지속적인 효과를 볼 때 그보다 더 깊은 것이었다고 했다. 아우구스티누스는 그때의 그 경험이 평생 계속되었다고 술회했다.

전에는 잃어버릴까 두려워했던 그 열매 없는 기쁨들이 제거된 것이 당장 얼마나 달콤했는지! … 당신께서 그것들을 제게서 몰아내셨습니다. 참된, 주권적 기쁨이신 당신께서. 당신께서 그것들을 몰아내시고 그 자리를 차지하셨습니다. … 오 주 나의 하나님, 나의 빛, 나의 부흏, 나의 구원이시여![29]

49

찰스 스펄전^{Charles Spurgeon}은 인간들의 현대사상보다, 성경에 대한 설명보다 성경 자체를 읽어 영적인 음식을 섭취하는 것이 그리스도인의 성장에 가장 중요하다고 말했다.

> 내려친 반석에서 터져 나오는 바로 그 자리에서 진리가 가장 달콤하다. 물이 터져 나오기 시작할 때 하늘의 활력을 조금도 잃지 않기 때문이다. 물탱크로부터 마시는 것보다 샘에서 마시는 것이 항상 최상이다. 하나님의 말씀을 설명하는 것보다 그것 자체를 스스로 읽는 것이 은혜 안에 성장하는 가장 확실한 방법이라는 것을 발견할 것이다. 인간이 만든 탈지유가 아니라 하나님 말씀 자체의 진액 우유를 마시라.[30]

교회에 와서 설교는 듣고 성경도 많이 알고 예수 그리스도의 복음도 믿는데 성경을 안 먹으면 영적으로 자랄 수 없고, 활기차게 살아갈 수 없다. 주일 설교와 몇몇 성경 구절, 베스트셀러 등은 이차적인 것이다. 일차적으로 그리스도인 개인이 성경 읽기를 통해 영적인 양식을 먹고 마셔야 한다. 성경 말씀을 통해 선하신 하나님의 맛을 보아야 한다. "너희는 여호와의 선하심을 맛보아 알지어다"(시 34:8). 말씀 맛이 하나님 맛이다.[31]

성경을 식음하라! 이것이 혹시 그림의 떡 같은가? '하루라
도 책을 읽지 않으면 입안에 가시가 돋는다.' 이 말을 성경에
적용할 때 부끄러운가? 성경이 어떤 맛인지 아예 모르는 것
은 아닌가? 하나님의 말씀을 영적인 음식으로 받아들인 적이
전혀 없다면 아직 중생하지 않았을 수 있다. 하나님의 말씀에
대한 영적인 식욕이 떨어졌다면, 세상의 죄악 맛에 취해 있다.
세상의 단맛을 놓칠까 우려했다면, 자기 점검을 한 후 성경을
통해 하나님의 선하심을 맛보아 알겠다고 결단하라.

4. 성경을 기도하라 ─────────────

앞서 지적한 대로, 성경을 습관적으로 읽으면 진도에 쫓길 수 있다. 가령 하루 10장씩 읽으려고 할 때 '오늘 바빠 죽겠는데 하필이면 176절로 된 시편 119편이 걸렸지?'라고 부담스러워할 수도 있다. 반대로 성경을 깊이 읽어야 하겠다고 생각하면서 성경 한 장이나 한 절만 붙잡고 하루를 보낼 수도 있다. 성경을 읽을 때 양도 생각하고 질도 생각하는 것이 필요하다. 일용할 양식 면에서 어느 정도의 양을 섭취하는 것이 필요하고, 양식을 소화하는 것이 필요하기 때문이다.

성경을 양적으로 읽으면서도 질적으로 읽는 방법 중에 '성경을 기도하라'는 것이 있다. 가령 하루 5장 정도 읽으면서 그 중 한 장이나 몇 절 정도를 기도로 바꾸는 작업을 하라는 말이다. 아니면 읽은 구절마다 기도로 바꾸라는 말이다.

'성경을 기도하라.' 이것은 얼핏 문법적으로 맞지 않은 것 같다. '성경대로 기도하라.' '성경을 따라 기도하라.' 이것이 문법적으로 맞다. 문법적으로 맞지 않아 보이는 것을 왜 굳이 여기서 언급하는가? '성경을 기도하라'는 것은 곧 성경 자체

4. 성경을 기도하라

를 기도로 바꾸라는 것이기 때문이다.

　이것은 성경 한 구절을 인용하고 기도를 시작하는 것이 아
니다. 그렇게 할 경우 한 편으로 아주 경건해 보이지만 다른
한 편으로는 특별한 경건을 과시하는 것 같아 뒷맛이 개운하
지 않다. '성경을 기도하라'는 것은 성경을 읽으면서 성경에
기록된 말씀을 그대로 믿고 묵상하고 순종하되 그 내용을 기
도로 바꾸는 것이다.

　성경을 기도하면 하나님의 뜻대로 최상의 기도를 드릴 수
있다. 우리 삶의 다양한 구석을 다 터치하고 우리 심리의 예
민한 구석을 다 커버할 수 있다. 하나님의 말씀이 우리의 환
경과 심리의 모든 구석을 다 터치하기 때문이다. 배추를 소금
으로 절이듯 기도를 성경으로 절이는 것이 성경을 기도하는
것이다. 기도를 성경으로 절이고, 성경을 기도로 절이는 것이
다. 찰스 스펄전은 이렇게 말했다.

> 밀실이 최고의 연구실이다. … 본문의 정신과 골수 속으로
> 기도해서 파고들어가는 것은 위대한 일이다. 벌레가 너트
> 의 중심으로 파고드는 것처럼 거룩한 말씀을 먹으면서 파
> 고드는 것.[32]

　성경을 기도하는 것은 성경을 먹으면서 성경 속으로 파고들

어 기도를 성경으로 절이는 것, 성경을 기도로 절이는 것이다.

『성경을 기도하라Praying the Bible』는 책이 있다. 미국 남침례
교신학교 실천신학 교수 도널드 휘트니Donald S. Whitney가 쓴
책이다. 복음연맹The Gospel Coalition에 실린 이 책의 리뷰를 소개
한다.

> 기도가 제대로 안 될 때가 많다. 목회자도 기도 생활을 제
> 대로 못 할 때가 많다. 하나님의 뜻대로 기도하겠다는 의욕
> 도 있고 각오도 하지만 매일 기도훈련이 좌절과 죄책감을
> 낳을 수 있다. 기도가 자유와 기쁨의 행위가 아니라 권태의
> 행위가 될 수 있다. 즐거운 특권이 억지로 감당하는 의무
> 가 될 수 있다. 도널드 휘트니의 말대로 "우주에서 가장 매
> 력적인 인물에게 우리 삶의 가장 중요한 일들을 말씀드리
> 는데 지루해 죽을 지경인가?"(p. 12). 문제는 간단하다. 매일
> 동일한 기도를 수도 없이 반복하다 보니 닳아빠진 기도문
> 때문에 권태와 좌절에 빠진다. "다양성이 없는 기도는 결
> 국 의미가 없는 말이 된다"(p. 17). 해결도 간단하다. 성경을
> 기도하면 주의력이 분산되는 것을 막고 매일 양질의
> 기도 생활을 할 수 있다. 그러면 어떻게 성경을 기도하는
> 가? "성경을 기도하려면, 성경 한 구절 한 구절을 읽으면서
> 마음에 떠오르는 것을 무엇이나 하나님께 말씀드리면 된

다"(p. 33).

시편이 '성경 기도'에 특별히 유익하다. 시편은 인간의 모든 상황과 모든 감정을 다루고 본래 하나님께 올리는 노래이기 때문이다. "하나님께서 영혼의 모든 신음마다 다루는 한 시편을 감동해서 주셨다"(p. 54). 하루에 시편 다섯 편을 훑어가면서 그중 한 편을 기도하는 것도 '성경 기도'의 좋은 방법이다. 하루 5편을 이렇게 기도하면 한 달에 시편 150편 전체를 기도할 수 있다. 이렇게 하면 일상생활에 성경을 적용하는 능력이 강화된다. 시편 외에 다른 성경 장르도 이렇게 기도할 수 있다. 성경을 기도하는 것은 실제 해봐야 가장 잘 배운다.

여기에 가장 큰 논쟁거리가 있다. 성경을 읽으면서 떠오르는 것을 무엇이나 기도하라는 것이다. 본문의 적절한 해석과 적용이 아니더라도 떠오르는 대로 기도하면 되는가? 이것은 성경의 의미를 '읽어 내는' 주석exegesis이 아니라 성경 속에 내 생각을 '읽어 넣는' 주입eisegesis이 아닌가?

도널드 휘트니는 '성경 해석'과 '성경 기도'는 다르다고 대답한다. 전자는 하나님이 의도하신 의미를 파악하는 것이고, 후자는 "단지 성경의 언어를 사용해서 마음에 떠오르는 것은 무엇이나 하나님께 말씀드리는 것"이다(p. 36). 그리스도인으로서 우리는 우리의 모든 관심을 주님께 아뢸

수 있다는 것이다.[33]

존 포웰John Powell의 5단계 교제[34]를 기도에 적용하면 이 점을 이해할 수 있다. ①인사: '안녕하십니까? 오늘도 무사하게 해 주시옵소서'라는 단계, ②사건: '오늘 이런저런 일을 겪었습니다'라고 겪은 것을 나누는 단계, ③의견: '저는 이렇게 생각하는데, 하나님은 어떠세요?'라고 의견을 나누는 단계, ④느낌: '요즈음 걱정 때문에 공황장애에 걸릴 것 같아요'라고 기분을 나누는 단계, ⑤전부: 무엇이든 생각나는 것을 숨김없이 다 터놓고 나누는 단계.

도널드 휘트니가 '본문을 읽으면서 생각나는 것은 다 하나님께 기도하라'는 것은 위의 ⑤단계에 해당한다. 전혀 문제될 것이 없다는 것이다. 하나님과 교제할 때 성경적으로 완벽한 생각만 말씀드리는 것이 아니기 때문이다. 대인관계에서도 완벽한 것만 말한다면 누가 무슨 말을 할 수 있겠는가?

성경을 읽으면서 생각나는 것은 무엇이나 하나님께 말씀드린다면, 우리의 기도가 막힌다는 말씀을 어떻게 볼 것인가? 베드로전서 3장 7절은 부부간에 기도가 막히지 않게 하라는 말씀이다. 우리가 잘못하면 기도가 막힌다는 것이다. 기도가 막히는 것은 뭔가 잘못했기 때문이다. 그러나 '성경 기도'는 우리가 뭘 잘못하는 것(죄)이 아니라 우리의 생각을 다 하나님께 아뢰는 것이다. 우리가 본문을 개혁주의 성경해석 원리에 따라 정확하게 해석해서 기도해야 한다면 누가 성경을 기도할 수 있겠는가?

휘트니의 『성경을 기도하라』는 특별한 영성에 대한 감동을 주는 것으로 충분하다. 꾸준한 기도를 하도록 실제적인 도전을 줌으로써 젊은 그리스도인들뿐 아니라 성숙한 그리스도인들에게도 유익을 주는 것이다. 리뷰 필자도 도널드 휘트니의 『성경을 기도하라』를 통해 유익을 보았기 때문에 더 많은 독자에게 추천하고 싶다고 했다. 그러나 우리의 기도도 하나님의 뜻대로 해야 한다는 차원에서 성경을 바로 깨달으려는 노력과 함께 성경을 기도하는 것이 성숙의 과제이다.

미국 베들레헴 침례교회에서 33년 목회 사역을 한 존 파이퍼John Piper는 이와 관련해서 유익한 충고를 했다.[35] 성경을 기도하는 습관을 형성하지 않으면, 우리의 기도는 공허한 반복으로 전락한다. 하나님의 큰 목적보다는 우리에게 당장 필요한 것에만 맴도는 기도에 매이고 만다. 이것을 피하면서 우리의 기도가 하나님의 모든 관심과 우리의 모든 상황과 실존을 포함해서 다양하고 풍성하도록 성경을 기도하되 바로 인용하고 바로 이해해서 기도하는 것이 필요하다.

사도행전 4장에 성도들이 통성으로 기도할 때 성경을 기도했다.

그들이 한마음으로 하나님께 소리를 높여 이르되 대주재여 천지와 바다와 그 가운데 만물을 지은 이시오 또 주의 종 우리 조상 다윗의 입을 통하여 성령으로 말씀하시기를 어찌하여 열방이 분노하며 족속들이 허사를 경영하는고 세상의 군왕들이 나서며 관리들이 함께 모여 주와 그의 그리스도를 대적하도다 하신 이로소이다 과연 헤롯과 본디오 빌라도는 이방인과 이스라엘 백성과 합세하여 하나님께서 기름 부으신 거룩한 종 예수를 거슬러 하나님의 권능과 뜻대로 이루려고 예정하신 그것을 행하려고 이 성에 모였나이다 주여 이제도 그들의 위협함을 굽어보시옵고 또 종들로 하여금 담대히 하나님의 말씀을 전하게 하여 주시오며 손을 내밀어 병을 낫게 하시옵소서 표적과 기사가 거룩한 종 예수의 이름으로 이루어지게 하옵소서. (행 4:24-30)

신약 초대교회 성도들은 시편 2편을 인용하면서 위와 같이 기도했다. 존 파이퍼는 이 점에 대해서 "우리는 초대교회가 하나님께서 주신 바로 그 말씀을 기도로 돌려 드렸다는 것을 안다"고 했다. 우리가 성경을 기도하면 하나님께서 성경으로 주신 것을 우리가 기도로 올려 드린다. 하나님께서 주신 말씀을 우리가 기도로 올려 드리면 하나님께서는 이 땅에서 하나님의 뜻을 이루시고 우리에게 복과 행복을 누리게 하신다. 하나님이 말씀을 내려주시고 우리는 그 말씀을 기도로 올려 드리고 하나님은 다시 우리에게 말씀의 복을 내려주시는 '축복의 서클'이 형성된다.

성경의 많은 부분이 기도다. 시편과 바울 서신에도 기도가 많다. 성경이 기도의 모델이다. 성경이 하나님과 그리스도에 대한 말씀이기 때문에, 우리가 읽으면서 찬양할 수 있다. 감사하면서 그것에 대한 믿음을 표현할 수 있다. 성경이 우리가 잘못한 것도 알려주므로 우리의 죄도 고백할 수 있다. 성경은 하나님께서 하신 것을 알려주어서 우리가 감사 찬양하게 하고, 하나님께서 기대하시는 것을 알려주어서 우리로 간구하게 하고, 우리가 실패한 것을 알려주어서 우리가 회개하게 한다.

존 파이퍼는 여기에 주의 사항이 있다고 했다. 성경의 표면적인 문자를 기도하는 것이 아니라 성경의 의미를 기도하는 것이라는 점이다. 가령 사드락과 메삭과 아벳느고 이야기를 어떻게 기도할 것인가? 본문의 용어를 기도하는 것이 아니라 본문의 의미인 담력, 용기, 신앙을 기도로 바꾸는 것이다.

나는 에베소서 1장과 3장을 기도하는 습관이 있다. 1장에 이런 말씀이 있다.

우리 주 예수 그리스도의 하나님, 영광의 아버지께서 지혜

와 계시의 영을 너희에게 주사 하나님을 알게 하시고 너희
마음의 눈을 밝히사 그의 부르심의 소망이 무엇이며 성도
안에서 그 기업의 영광의 풍성함이 무엇이며 그의 힘의 위
력으로 역사하심을 따라 믿는 우리에게 베푸신 능력의 지
극히 크심이 어떠한 것을 너희로 알게 하시기를 구하노라.
(엡 1:17-19)

나는 이 본문을 이렇게 기도한다.

우리 주 예수 그리스도의 하나님, 영광의 아버지, 지혜와
조명의 성령을 우리에게 주셔서 우리가 하나님을 체험적
으로 점점 더 알게 해 주시옵소서. 우리의 마음의 눈을 밝
혀 주셔서 하나님께서 부르신 천국 유산의 소망이 얼마나
풍성하고 영광스러운지 깨닫고 오늘의 현실을 천국 영광
의 빛에 비추어 살게 해 주시옵소서. 특별히 예수 그리스
도를 죽은 자 가운데서 살리셔서 천국 보좌 우편에 앉히신
지극히 크신 능력, 위력, 에너지가 믿음을 통해 제 삶 속에
서 우리에게 작동하게 해 주시옵소서. 지극히 큰 능력으로
하나님이 주신 사명을 감당하고, 나와 가정과 교회와 나라
와 세계의 문제를 해결하게 해 주시옵소서. 사탄과 세상과
육체의 문제를 극복하고 하나님께 영광을 올려 드리고 제

가 행복하게 해 주시옵소서.

에베소서 3장에 이런 말씀이 있다.

그의 영광의 풍성함을 따라 그의 성령으로 말미암아 너희
속사람을 능력으로 강건하게 하시오며 믿음으로 말미암
아 그리스도께서 너희 마음에 계시게 하시옵고 너희가 사
랑 가운데서 뿌리가 박히고 터가 굳어져서 능히 모든 성도
와 함께 지식에 넘치는 그리스도의 사랑을 알고 그 너비와
깊이와 높이와 깊이가 어떠함을 깨달아 하나님의 모든 충
만하신 것으로 너희에게 충만하게 하시기를 구하노라. (엡
3:16-19)

나는 이 본문 성경을 이렇게 기도한다.

영광이 풍성하신 하나님, 성령을 통해 저의 속사람을 능력
으로 강건하게 해 주시옵소서. 믿음을 통해 그리스도께서
매일 매 순간 제 속에 실존적으로 살아 계시게 해 주시옵
소서. 우리 가족과 교인들과 주변 사람들과 세계 거민들 모
두가 사랑 가운데 뿌리가 박히고 터가 굳어지게 해 주시옵
소서. 모든 성도들과 함께 지식에 넘치는 그리스도의 사랑

을 알되 그 너비와 깊이와 높이와 깊이가 어떠함을 깨닫게 해 주시옵소서. 그래서 하나님의 모든 충만함이 제 속에 충만하게 거주하게 해 주시옵소서.

나는 에베소서 1장과 3장만이 아니라 시편과 잠언 등도 기도하고 있다. 요즈음은 매일 읽는 성경 본문을 매일 기도로 바꾸는 노력을 한다. 평소에 새벽과 오후와 저녁, 하루 세 번 기도하는 내용을 스스로 살펴보니 너무 틀에 박힌 것이라 하나님께 죄송하다는 생각이 들어서 '성경을 기도하기'를 더욱 힘쓰려고 한다. 한없이 풍성하고 다양한 기도를 드릴 수 있음에도 너무 제한된 기도를 드리고 있는 자신의 모습이 안타까워 성경을 기도함으로 더 다양하고 풍성한 기도를 드리려고 노력하고 있다.

대구동신교회에서 금요기도회를 인도할 때 한 시간 설교하고 한 시간 기도회를 인도했다. 기도회를 인도할 때 제일 처음에 한 것이 조금 전에 한 말씀을 붙잡고 기도하도록 하는 것이었다. 가령 고린도후서 6장 10절 강해 설교를 한 후에 아래와 같이 교인들과 함께 '성경을 기도'했다.

나 가진 재물 없으나(복음송)

4. 성경을 기도하라

근심하는 자 같으나 항상 기뻐하고 가난한 자 같으나 많은
사람을 부요하게 하고 아무것도 없는 자 같으나 모든 것을
가진 자로다. (고후 6:10)

① 하나님께서 예수 그리스도 안에서 내게 주신 은혜를 깨
   닫고 기꺼이 져 줄 수 있는 여유로운 마음을 허락해 주
   시옵소서.

② 나보다 더 잘난 사람, 더 잘하는 사람을 깎아내리지 말
   고 그가 천국 확장에 더 공헌하는 것으로 보고 축하하
   게 해 주시옵소서.

③ 나의 단점만 보지 말고 장점을 보고 감사하게 하시고
   나의 장점을 개발해서 하나님의 영광을 극대화하게 해
   주시옵소서.

④ 어떤 환경에서나 주님 안에서 자족하게 하시고 사람과
   의 비교평가보다 주님의 평가를 바라보고 충성하게 해
   주시옵소서.

존귀하신 예수 그리스도의 이름으로 기도드립니다. 아멘.

한 번은 혼자 일어나 새벽기도를 할 때 우선 말라기 1-4장,
즉 말라기 전체를 읽고 성경을 덮은 다음 조금 전에 읽은 성

경 말씀을 묵상하면서 기도했다. 말라기 전체를 머릿속에 넣고 개관하면서 기도하는데 문득 이런 생각이 났다. '말라기는 전체적으로 예배에 관한 말씀이다. 예배를 잘못 드릴 때 하나님께서 그렇게 싫어하신다. 병든 짐승을 제물(예배)로 드리지 말라. 아내와 다투면서 제물 드리지 말라. 거짓말하면서 제물 드리지 말라. 십일조를 떼먹으면서 제물 드리지 말라. 말도 바로 하고, 가정생활도 바로 하고, 십일조도 바로 드리면서 하나님께 예배를 드려야 하나님께서 받으신다. 인간관계를 바로 하면서 하나님께 예배드려야 그 예배가 바른 예배이고 하나님께서 바른 예배를 기쁘게 받으신다.'

이런 묵상에 근거해서 기도를 드렸다. 윤리와 예배를 연결할 수 있도록 기도했다. 가정생활, 언어생활, 물질생활을 하나님의 뜻대로 바르게 하면서 예배를 드리도록 기도했다. 하나님께서 윤리가 바른 예배를 받으신다는 면에서 하나님의 성품을 다시 깨닫게 되어 기도가 풍성해지는 것을 느끼면서 마음이 흐뭇했다. 이런 것이 성경을 기도하는 것이고, 성경을 기도할 때 얻게 되는 유익이다.

성경을 기도할 때 나는 시편 및 서신과 다른 장르의 성경을 읽으면서 일단 저자와 공감하고 저자를 통해 원原저자 하나님과 공감하려고 노력한다. 저자를 통해 하나님의 뜻을 파악하고 머리(지성)로 인정하고, 가슴(감성)으로 수용하고, 손발(의지)

65

로 실천하려고 노력한다.

이런 과정에서 성경 본문에 근거해서 하나님을 흠모^{Adoration}하고 죄를 고백^{Confession}하고 하나님께 감사^{Thanks}하고 간구^{Supplication}한다. 즉 ACTS로 기도한다. 성경을 기도하려고 노력하면 성경을 건성으로 읽지 않고 성경 말씀이 내 영적인 혈관으로 흘러가게 할 수 있다.

성경을 기도하라! 이것이 너무 생소하고 막연할 수 있을 것이다. 이번에 이것을 제대로 깨달았다면, 시편부터 한번 실천해 보라. 시편을 하루 다섯 편을 읽고 그중에 한 편을 기도로 바꾸어 보라. 대표기도 하기 전에 성경 한 구절을 의무감으로 인용하거나 과시용으로 인용했다면, 반성하라. 이제부터 하나님이 내려주신 말씀을 기도로 올려드리는 은혜로운 습관을 들이겠다고 결단하라.

5. 성경을 묵상하라 ————————————

성경을 기도할 뿐 아니라 묵상해야 한다. 성경 묵상은 성경 말씀을 가슴으로 붙잡는 것이다. 성경 말씀을 씹고 또 씹는 것, 곧 되씹는 것이다.

에녹의 경우를 보면, 에녹은 므두셀라를 낳은 후 자녀를 낳으면서 복잡한 가정생활 중에도 300년 동안 하나님과 동행했다. 어떻게 이것이 가능했을까? 성경은 에녹이 하나님과 동행하기 시작한 계기를 "므두셀라를 낳은 후"라고 기록했다(창 5:22). '므두셀라'를 낳은 것이 어떻게 에녹이 하나님과 300년 동행하는 계기가 되었을까?

'므두셀라'란 '무트'(죽는다)와 '샬라흐'(보낸다)가 결합된 이름이다. 아들을 낳고 아들의 이름에 '죽음'을 넣을 부모가 있겠는가? 이것을 보면 '므두셀라'라는 이름은 에녹이 지은 이름이 아니라 하나님께서 에녹에게 주신 특별한 이름이다. '죽으면 보낸다' 즉 '이 아이가 죽으면 홍수를 보낸다'는 하나님의 계시가 이름에 들어 있다.[36] 실제로 므두셀라가 187세에 라멕을 낳고 라멕이 182세에 노아를 낳고 노아가 600세, 즉

5. 성경을 묵상하라

므두셀라가 969세에 하나님께서 홍수 심판을 하셨다(창 5:25-29; 7:11). 므두셀라가 죽던 해에 하나님께서 홍수를 보내 세상을 심판하신 것이다.

에녹은 아들을 낳고 '죽으면 보낸다'는 하나님의 계시를 받았을 때 그 말씀을 가슴으로 붙잡고 되씹고 되씹었다. 말씀을 묵상해서 가슴으로 붙잡고 300년을 동행한 것이다. 에녹이 300년 하나님과 동행할 때 수도원에서 혼자 살면서 동행한 것이 아니다. 가족이 없이 싱글로 조용하게 방해받지 않고 하나님과 동행한 것이 아니다. 300년 동안 가족계획 없이 아들을 낳으면서 대가족의 가장으로 별의별 일을 다 겪으면서 하나님과 동행했다.

하나님께서 우리에게 에녹처럼 아들의 이름을 통해서 말씀을 계시하시거나 도망자 야곱처럼 밤의 꿈으로 특별하게 계시하시지(창 28:17) 않아도 우리는 하나님의 말씀인 성경을 가슴으로 붙잡을 수 있다. 하나님의 말씀을 주야로 묵상하면(시 1:2) 하나님의 말씀을 가슴으로 붙잡을 수 있다. 하나님의 말씀을 가슴으로 붙잡는 순간 말씀을 감동하신 성령(딤후 3:16)께서 말씀을 통해, 말씀 안에서, 말씀과 함께 역사役事하신다. 말씀을 가슴으로 붙잡을 때 말씀에 성령의 능력이 임해 성령의 불을 체험하게 된다. "여호와의 말씀이니라 내 말이 불같지 아니하냐 바위를 쳐서 부스러뜨리는 방망이 같지 아니하냐"(렘 23:29). 말씀을 묵상할 때 말씀이 성령을 통해 죄와 고민을 태우고 죄와 고민의 바위를 깨뜨리는 해머hammer 같다는 것을 체험한다. 그렇게 해서 성령의 능력으로 복잡한 현실의 희로애락의 방해를 받지 않고 하나님과 동행할 수 있다. 이것이 말씀 묵상의 유익이다.

성경을 묵상하는 것은 타종교의 초월명상Transcendental Meditation과 차원이 완전히 다르다. 초월명상은 한 단어나 한 구절을 반복하는 것이다. 그것은 처음에는 다른 생각들을 지워버리고 다음에는 그 자체의 의미까지 지워버리는 것이다. 초월명상은 결국 어떤 단어나 개념이나 심상까지 다 지워버리고 '나와 신神은 하나다'라는 인식만 남긴다. 성경 묵상은 하나님을 알아가는 경험이지만, 초월명상은 결국 인간이 신이 되어가는 인간 우상화 경험이다.[37]

성경 묵상은 초월명상과 달리 피조물과 구분되는 창조주 하나님을 말씀에 근거해서 선명하게 알아가면서 하나님과 친숙해지는 경험이다. 읽은 말씀을 마음속에 새김으로써 말씀에 근거한 믿음이 성숙해서 내 안에 그리스도께서 실존적으로 살아 계시는 것을 구체적으로 체험해 가는 과정이다. 성경 묵상은 예수 그리스도 안에서 성령의 감동으로 하나님의 생명과 능력과 접속되는 체험이다.

존 스토트John Stott는 "나는 달걀들을 품고 조용하게 오래 앉아 있다"는 로버트 스티븐슨 Robert L. Steventon의 말을 인용했다. 디트리히 본회퍼 Dietrich Bonhoeffer는 본문을 매일 숙고하고 "그것이 무엇을 말하는지 진짜 듣기 위해서 그 속으로 깊이 침잠하도록 노력"했다.[38] 성경을 묵상하는 것은 이처럼 암탉이 병아리를 까기 위해 알들을 품고 있는 것과 같고 본문의 의미가 무엇인지 파악하기 위해서 본문 속으로 깊이 파고들어 침잠하는 것과 같다.

독일의 심리학자 헤르만 에빙하우스 Hermann Ebbinghaus는 사람의 기억력이 어떻게 작용하는지를 실험해서 아래와 같은 '망각 곡선' Forgetting Curve를 제시했다.[39] '망각 곡선'이 보여주는 대로 사람은 정보를 보존하려고 노력하지 않으면 그것을 쉽게 잊어버리는 경향이 있다. 다음 '망각 곡선'를 보면 1일 만에 거의 50퍼센트를 망각한다. 3일 만에 약 80퍼센트를 망각하고, 5일 만에 약 85퍼센트, 7일 만에 90퍼센트를 망각한다. 특별히 자신과 별로 상관이 없는 정보는 금방 잊어버린다. 자신의 생활과 관련이 있거나 이권과 관련이 있거나 자기가 아닌 사람과 관련이 있거나 자기의 과거와 관련이 있거나 어쨌든 자신과 관련이 있어야 그나마 조금 기억하지, 자신과 관련이 없으면 금방 거의 다 망각한다는 것이다.

망각 곡선

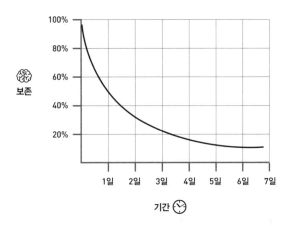

망각 문제를 해결하기 위해서 에빙하우스는 몇 가지를 제안했다. ①훈련을 정규적으로 강화하라. ②글이나 말보다는 도표나 비디오를 만들어라. ③생활에 적용하는 훈련을 하라. ④수동적으로 구경하지 말고 능동적으로 참여하라.

성경을 묵상하면 기억에 새기는 효과가 있다. 묵상은 머릿속에 성경 구절을 그림처럼 그리는 것이다. 간단한 도표로 표현하면 오래 기억하는 것도 사람은 그림처럼 보이는 정보를 기억하기 쉽다는 것이다. 예수께서 주로 생활 속의 비유로 말씀하신 것은 생활과 관련된 진리, 또 그림처럼 볼 수 있는 언어로 말씀하신 것이다. 밤낮으로 묵상하는(시 1:2) 훈련을 하면 말씀 구절을 망각하지 않고 기억할 수 있다. 말씀을 묵상

73

할 때 특별히 자신의 삶에 구체적으로 적용하면, 그것은 오래 기억에 남는다. 말씀을 묵상할 때 수동적으로 하지 말고 적극적으로 말씀대로 살아가면 그런 말씀은 무디[D. L. Moody]가 말한 대로 '내가 테스트해 보니 그대로 되더라.'[T.P.=Tested and Proved]는 식이 되어서 평생의 복음으로 남아 삶을 움직인다.

조나단 에드워즈가 세계적이고 세기적인 영향을 미치는 신학자, 목회자, 부흥사가 된 비결의 하나가 묵상에 있었다. 에드워즈는 회심한 후에 "내 마인드는 하나님에 관한 것들에 크게 고정되어 있었다. 나는 거의 지속적으로 그것들을 묵상하고 있었다"고 했다.[40] 에드워즈가 하나님과 하나님에 관한 것들을 얼마나 깊이 묵상했는지 예일 대학에서 강사로 가르친 것까지 영적인 퇴폐라고 했고 "내 영혼에 상처를 주는 것"이라고 했다.[41] 신학교 강의를 왜 영적인 퇴폐와 영혼의 상처라고까지 표현했을까? 학문적인 것에 집중하다가 보면 성경을 묵상하고 기도하는 시간과 에너지를 빼앗길 가능성이 크기 때문이었을 것이다.

나는 하나님께서 매일 매 순간 구체적으로 인도하실 때 특별한 구절의 암송과 묵상을 통해 인도하시는 것을 체험할 때가 많다. 청년 시절 열악한 환경에서 몸부림치면서 내가 너무 힘들어할 때, 하나님께서 시편 18편이 내게 강하게 다가오게 하셨다. 나는 시편 18편 몇 절을 붙잡고 묵상하고 내 마음에 새김으로 난관을 극복할 수 있었다.

특별히 18편 1절의 "나의 힘이신 여호와여 내가 주를 사랑하나이다"는 큰 위로와 격려가 되었다. 도무지 해결할 수 없는 문제로 고민할 때 "나의 힘이신 여호와"라는 말씀 자체가 나를 붙들어 주는 것을 느꼈다. '하나님, 왜 이러십니까? 나를 괴롭히는 것이 하나님의 취미입니까?'라는 갈등이 있었지만, 그래도 "나의 힘이 되신 여호와"를 마음 깊은 곳에서 사랑한다고 울면서 고백하게 되었다. 그때 갈등과 고민으로 찢어진 마음을 사랑의 터치로 치료하시는 하나님의 손길을 체험하게 되었다.

18편 29절 말씀도 주저앉아 있는 나를 붙잡아 일으켜 문제 해결을 위해 도전하게 만들었다. "내가 주를 의뢰하고 적군을 향해 달리며 내 하나님을 의지하고 담을 뛰어넘나이다." 도무지 감당할 수 없는 적군을 향해 "주를 의뢰하고" 달려들고, 아무리 노력해도 뛰어넘지 못할 담을 "내 하나님을 의지하고" 뛰어넘으려는 의지와 용기를 얻었다. 이 말씀을 가슴에 새기고 묵상하면서 질병과 가난과 사역의 고민을 뛰어넘게 되었다.

시편 18편 1절과 29절을 암송하고 묵상하면서 이 말씀이 내 마음과 내 삶 속에서 살아 움직이는 것을 체험했다. 절망적인 환경은 그대로 있었지만, 환경을 대하는 내 마음이 말씀에 따라 변화되니까 당시 '지옥과 같은' 상황을 극복하는 희망과 능력이 생겼다.

미국 웨스트민스터 신학교 입학허가를 받았는데 유학 자금이 없어 기도할 때 하나님께서 역대상 29장 12절 말씀을 깨닫게 해 주시고 내 말씀으로 받아들이게 하셨다. "부와 귀가 주께로 말미암고 또 주는 만유의 주재가 되사 손에 권세와 능력이 있사오니 모든 사람을 크게 하심과 강하게 하심이 주의 손에 있나이다." 이 말씀을 붙잡고 한 주에 한 번 포천 어느 기도원 산에 올라가서 기도했다. 이 말씀을 수십 번, 수백 번 암송하는 것 자체가 기도였다. 이렇게 하는 동안 이 말씀이 내 가슴 속에서 성령의 불이 되는 것을 체험했다. 손에 돈은 들어와 있지 않았지만, 하나님께서 말씀대로 유학 자금을 주실 것이라는 확신과 웨스트민스터 신학교에서 유학할 희망이 불꽃처럼 활활 타올랐다. 그 후에 하나님께서 어느 교회를 통해 유학 자금을 주셨다.

대구동신교회에서 목회할 때 대구에 극동방송을 유치해야 하겠다는 사명감을 느꼈다. 어느 도시든 극동방송이 들어가면 도시 복음화에 박차를 가하기 때문이다. 8년 동안 대구극동방송 개국을 위해 기도하는데 방송통신위원회가 대구에 더 이상의 방송국을 개설할 수 없다고 했다. 기술적으로도 대구의 팔공산과 앞산에 더 이상의 송신탑을 세울 수 없다는 통보를 받았다. 방통위 위원장도 안 된다고 하고, 심지어 장로 대통령도 대구에 극동방송 개국을 허락할 수 없다고 했다는 말을 전해 들었다.

대구극동방송을 위해 몇 년 공개적으로 기도해도 응답이 없으니 내 마음에 우려가 찾아오기 시작했다. '교인들이 내 영발(말발이 말의 힘인 것 같이 영발은 靈의 힘)이 떨어졌다고 생각하면 어떻게 하지? 우리가 기도하면 하나님께서 응답하신다고 가르치고 있는데, 몇 년 기도해도 응답이 없으니 교인들이 내 기도 권면을 들어 주겠나? 영발 떨어진 목사는 인기도 떨어질 텐데, 교인들이 교회를 떠나면 어떻게 하지?'

이런 우려가 내 마음속에 스멀스멀 올라올 때 하나님께서 이사야 43장 19절 말씀을 주셨다. "보라 내가 새 일을 행하리니 이제 나타낼 것이라 너희가 그것을 알지 못하겠느냐 반드시 내가 광야에 길을 사막에 강을 내리니." 나는 이 말씀을 암송하면서 개인적으로, 또 공개적(공식 예배)으로 기도했다. 하나님께서 결국 길이 없는 광야에 길을 내시고, 강이 없는 사막에 강을 내시는 것처럼 도무지 방송국이 들어올 수 없는 대구에 극동방송이 들어오게 하셨다. 어떤 그리스도인이 대구 두류공원 운영권을 인수하면서 두류타워 중앙에 대구극동방송 송신탑을 세울 수 있게 하셨다.

성경은 사망에서 생명으로 옮겨 놓는 생명의 책이면서 동

77

시에 거듭난 생명을 하나님의 뜻대로 살게 만드는 생활의 책이다. 나는 총신대학교 신학대학원에서 14년 동안 성경해석학을 가르치면서 '성경은 생명(중생 회심)의 책, 생활(성화)의 책이다'라고 강조했다. '성경대로 살고 사역하면 반드시 회심과 성화의 변화가 나타난다'는 것도 강조했다. 성경을 지옥에서 천국으로 옮겨 놓는 생명의 책, 생활 속에서 예수 그리스도를 닮아가게 하는 생활의 책으로 체험하기 위해서는 반드시 성경을 암송하고 묵상해야 한다.

총신 교수 14년 이후 22년 동안 대구동신교회에서 목회를 하면서 불신자들의 회심을 통해 성경이 생명의 책이라는 것을 체험했다. 어떤 여성 교사가 어느 날 운전하던 중에 갑자기 마음이 컬컬해서 '교회 한 번 가볼까?' 하고 고개를 들어 십자가가 보이는 대구동신교회로 무작정 들어왔다. 나는 그 여성이 들어와 있는지 모르고 전도설교가 아니라 평소대로 강해설교를 했다. 그런데 바로 그 예배 시간 설교 말씀에 부딪혀 그 여성이 예수를 믿기로 결심했다. 전격적인 회심을 체험한 그 여성은 나의 아내가 순장으로 있는 사랑방에서 로마서를 공부하면서 구원의 확신을 얻고 여동생과 아들과 딸, 그 후에 남편까지 전도해서 다 예수를 믿게 했다.

어느 은행의 최고 간부 어떤 남성은 늘 자기 부인과 다투면서 지옥과 같은 가정생활을 하다가 자기 부인과 "큰 교회 한

번 가보고 아무 변화가 없으면 당신과 나, 둘 다 교회 다니지 말자"고 약속하고 대구동신교회에 왔다. 그는 평소와 같이 예배당 뒤편 기둥 옆에 숨듯 앉아 내 설교를 듣는 중 '어, 더 들어 봐야겠다'는 감동을 받고 그 후에 계속 교회에 나와서 회심을 체험했다. 늘 싸우던 부인과도 화해하고 말도 하지 않던 아들딸과 깊은 대화도 하면서 아들딸도 예수를 믿는 화목한 가정을 이루었다. 이제는 기부금을 한 푼도 행정비로 쓰지 않고 100퍼센트 고스란히 구제에 투입하는 구호단체를 설립해서 운영하면서 하나님의 사랑을 실천하고 있다.

나는 성도들의 이런 회심과 성화/변화의 체험을 통해 성경이 생명의 책, 생활의 책이라는 것을 확실하게 체험했다. 대구동신교회에서 진지한 태도로 신앙생활을 하고자 하는 교인들은 교역자들과 장로들을 포함해서 다 변했다고 고백하는 것을 듣는 감격도 체험했다.

성경을 생명의 책, 생활의 책으로 스스로 체험하지 못하고 지성적으로만 연구할 때 분명히 정통신학을 하면서도 '죽은 정통'에 빠지기 쉽다. '죽은 정통'은 마틴 로이드 존스가 지적한 대로 교리는 올바르지만 자기만족과 자기보호 메커니즘에 빠져 있고 영적인 열정을 혐오하는 특징이 있다.[42]

조지 휫필드와 존 웨슬리John Wesley는 18세기 부흥의 주역이었지만, 당시 정통주의자들에게 교리 자체가 아니라 교리를 전하는 열정적인 방법에 대한 비판을 계속 받았다. "여기 좀 보세요. 우리가 반대하는 것은 당신의 교리가 아니라 교리를 설교하는 법, 그것을 행하는 방법입니다."[43] '죽은 정통'은 교리는 바르지만, 주님에 대한 첫사랑의 마음은 싸늘한 정통이다. 정통 교리와 정통 행동과 함께 첫사랑의 마음이 살아 있는 것이 올바른 정통이다. 성령의 감동으로 가슴에서 타오르는 열정을 이해하고 체험하는 것이 살아 있는 정통이다.

리처드 로블리스는 경건주의Pietism와 청교도주의Puritanism가 17세기와 18세기에 개신교가 복음 선교와 사회 변화의 폭을 넓혔다고 했다. "이 두 가지 운동은 교회 안에서 교리와 제도를 개혁하는 것이 사람들의 삶이 개혁되고 부흥되지 않으면 헛되다는 것을 인식"했기 때문이다.[44] "우리의 마음과 머리가 적절하게 변하지 않으면 우리는 조율하지 않는 악기를 연주하는 음악가들이나 잘못 프로그램화된 깨진 컴퓨터로 일하는 엔지니어들과 같다. 마음의 조율이 은혜 흐름의 진수다."[45] "부흥 없이 개혁에 집중하는 것은 포도주 없는 가죽 부대가 된다. 개혁 없는 부흥은 곧 가죽 부대가 부족해서 포도주를 잃는다."[46]

강의나 설교나 책을 통해 봉사하면서도 회심의 변화와 성화의 변화를 전혀 일으키지 못하는 '죽은 정통, 사통死通'이 얼마나 많은가. 목회자들 가운데도 "아무리 노력해도 교인들이 변하지 않는다"고 탄식하는 이들이 얼마나 많은가. "50년 전의 그놈이 지금의 그놈이다!"라고 50년 목회 후 자조[自嘲]하고 통탄한 목회자도 있다. 이것이 전부 성경을 기도하지 않고 성경을 묵상하지 않은 결과이다. 성경을 머리로만 대하고 입으로만 전하고 가슴과 손발을 죽은 채 설교하고 교육했기 때문이다.

앞서 언급한 대로 성경은 성령의 생기[life-breath]가 들어간 책이다. 성경을 묵상할 때 성령의 생기가 묵상자 자신의 가슴에서 약동하는 것을 체험한다. "여호와의 말씀이니라 내 말이 불같지 아니 하냐 바위를 쳐서 부스러뜨리는 방망이[hammer] 같지 아니 하냐"(렘 23:29). 성경을 묵상할 때 묵상자의 가슴에 성령의 불이 붙어 활활 타오른다. 성경을 묵상할 때 성경 말씀이 성령의 불로 변한다.

여기에 주목할 것이 있다. 성경과 관련해서 체험하는 성령의 불이 어떤 것인가? 이것을 모르거나 등한시한다는 것이 성경의 생명과 능력을 체험하지 못하는 가장 깊이 숨어 있는 이유 중 하나이다. 성경을 묵상하면서 붙는 성령의 불은 성경 구절에 대한 확신의 불이다. 성령의 불은 하나님의 영광에 대한 열정의 불이다. 성령의 불은 나의 죄와 세상의 죄에 대한 안타까움의 불이다. 성령의 불은 청중의 가슴을 뜨겁게 하는 불이다. 성령의 불을 뿜으면 청중의 가슴에는 책망과 찔림과

도전과 감동과 결단의 불이 붙는다. 설교가 성령의 불을 뿜어내는 교회에는 '성령의 불구경'하러 사람들이 몰려온다.

나는 22년 목회하는 동안 한 주도 빠지 않고 설교를 준비할 때와 전달할 때와 전달한 후에 성경의 불을 체험했다. 묵상을 통해 성경이 불로 바뀌면 설교를 준비하는 과정에서 여호와의 회의에 참석하여 말씀의 취지와 의도를 깨닫는다. 성경을 묵상하는 중 성령의 불이 붙으면 비로소 말씀을 깨달아 가슴에 와닿는다. 나는 어떤 주간은 목요일, 어떤 주간은 금요일이나 토요일, 어떤 주간은 주일 아침에 성령의 불이 붙는 것을 체험했다. 금요일이 넘어가도 성령의 불이 붙지 않을 때는 '이번 주일 설교를 어떻게 할까?' 하는 고민에 사로잡힌다. 그런데 놀라운 것은 어느 주간도 성령의 불이 붙지 않고 강단에 올라간 적이 없었다는 것이다.

성경을 묵상할 때 성령의 불이 붙는 순간 여호와의 회의에 참여해서 말씀의 취지와 의미를 깨닫게 되었다는 감이 온다. 여호와의 기밀실 회의에 참석해서 하나님의 말씀을 깨닫고 전하면 청중이 악한 행위에서 돌아선다. "만일 나의 회의에 참여하였더라면 내 백성에게 내 말을 들려서 그들을 악한 길과 악한 행위에서 돌이키게 하였으리라"(렘 23:22).

성경을 읽으면서도 묵상하지 않는 그리스도인은 성령의 불을 체험하지 못하기 때문에 평생 덤덤하고 냉랭한 신앙생활을 한다. 묵상 없는 성경 읽기는 성찰 없는 독서와 같다. '내가 누구의 어떤 책을 이렇게 많이 읽었다.' 이런 식으로 자랑하기 위해 학자들의 이름과 책 이름을 줄줄 외는 사람들이 있다. 그런 사람들 가운데는 책만 읽었을 뿐이지 읽은 내용을 성찰reflection하고 소화해서 자기 것으로 만들지 못한 사람들이 적지 않다. 과시형 독서를 하는 사람들! 책을 읽기만 하고 성찰하진 않는 것처럼, 성경도 읽기만 하고 일 년에 몇 독 했다고 자랑하면서 그 내용을 묵상하지 않으면 회심과 성화의 변화를 전혀 체험하지 못해 공허해질 수 있다.

나는 초등학교 시절 아버지께서 목회하시는 교회에서 매주 주일학교 시간에 이름을 부를 때마다 "예"라고 대답하고 바로 성경 몇 장을 읽었다고 대답하는 경험을 했다. 그때 매주 300장 정도 읽어서 연필 상을 많이 탔다. 또 매주 주일학교 선생님에게 암송한 성경 구절을 점검받은 적이 있었다. 그때 읽고 암송한 말씀이 당시에는 무슨 뜻인지 잘 몰랐지만, 지금은 내 속에서 성령의 불로 작용하는 것을 느낀다.

묵상은 읽은 성경 말씀을 우선 자신의 마음에 적용하는 것이다.[47] 성경의 내용은 다 우리의 교훈을 위한 것이다(롬 15:4). 하나님을 알려주는 계시, 그리스도를 통한 구원과 성화와 회복, 교훈과 책망과 약속 등이 다 우리와 우리 후손들을 위한 것이다.

가령 갈라디아서 2장 20절의 교훈을 암송과 묵상을 통해 우선 우리 마음에 적용하면 우리와 우리가 교훈하는 후손들이 그리스도께서 마음에 살아 계시는 것을 체험할 수 있다. "내가 그리스도와 함께 십자가에 못 박혔나니 그런즉 이제는 내가 사는 것이 아니요 오직 내 안에 그리스도께서 사시는 것이라 이제 내가 육체 가운데 사는 것은 나를 사랑하사 나를 위하여 자기 몸을 버리신 하나님의 아들을 믿는 믿음 안에서 사는 것이라"(갈 2:20).

성경을 묵상하라! 성경을 묵상하면 성경을 성령의 검으로 활용할 수 있다(엡 6:17). 성경을 성령의 검으로 활용한 적이 있는가? 혹시 유혹하고 참소하는 사탄 앞에서 성령의 검을 내려놓고 무방비 상태에 있지 않은가? 혹시 성령의 검을 너무나 활용하지 않아서 녹이 슬지 않았는가? 혹시 성경 말씀을 다 잊어버린 채 살고 있지 않은가? 혹시 성령의 검을 사탄에게 다 뺏겨 버리지 않았는가? 철저한 자기 점검을 통해 이제부터 성경을 묵상하여 성령의 검을 들고 매 순간 활용하겠다고 결단하라.

6. 성경을 실천하라

성경을 기도하면서 성경의 모든 말씀을 실천하되, 특별하게 다가오는 구절을 암송 묵상하고 한 구절이라도 생명을 걸고 에누리 없이 실천해야 한다. 한국 교회 교인들의 가장 큰 약점이 성경을 읽고 듣고 암송하는 것까지는 하더라도 생활 속에 가감 없이 실천하지 않는다는 것이다. 주일은 거룩한 성도로 살고 평일은 적당하게 타협하는 것이 일상화되어 버렸다. 한국 교회가 100여 년 전에 복음이 들어와서 도약하다가 지금은 정체되고 쇠퇴하고 있다. 심지어 교회를 떠나 교회를 박멸하겠다는 '안티 크리스찬' 운동까지 일으키고 있다. '이러다가 교회가 사라지는 것이 아닌가!' 하는 위기의식도 든다. 그 이유가 바로 여기에 있다. 예수를 아무리 믿어도 변화가 없다고 하고, 아무리 기도해도 응답이 없다고 하는 것도 그 이유가 바로 성경 말씀을 에누리 없이 실천하지 않는다는 데에 있다.

스티븐 스콧Steven K. Scott은 예수님이 주인공인 하나님의 말씀을 믿음으로 순종하는 것을 구체적으로 설명했다. 가령 마

87

태복음 11장 28-30절에 이런 말씀이 있다. "수고하고 무거운 짐 진 자들아 다 내게로 오라 내가 너희를 쉬게 하리라 나는 마음이 온유하고 겸손하니 나의 멍에를 메고 내게 배우라 그리하면 너희 마음이 쉼을 얻으리니 이는 내 멍에는 쉽고 내 짐은 가벼움이라."

스티븐 스콧은 이 말씀을 아래와 같이 분석했다.[48]

명령
- 스트레스로 피곤하거나 무거운 짐을 지고 있을 때 내게로 오라.
- 내게 배우라
- 내 멍에를 메라

약속된 혜택
- 스트레스와 짐으로부터 자유를 얻을 것이다.
- 내가 겸손과 온유를 가르쳐 줄 것이다.
- 영혼 깊숙한 곳까지 자유와 신체적인 갱신을 얻을 것이다.
- 나의 명령은 당신의 짐에 더 보태는 짐이 아니다.

믿음에 근거해서 순종하는 행동

• 누구에게 가기 전에 먼저 주님과 주님의 말씀으로 오라.

• 주님의 말씀을 읽고 배우라.

• 당신의 태도와 행동을 주님의 말씀과 교훈 위에 세우라

(랍비식 멍에).

믿음에 근거해서 말씀에 이렇게 구체적으로 순종하면, 주님의 교훈이 풍선에 헬륨을 넣은 것처럼 가볍다는 것을 발견하고, 짐에 눌리는 것이 아니라 창공으로 날아가는 기적적인 삶을 산다는 것이다. 스티븐 스콧은 우리가 이렇게 순종하면 말씀 은행에 예치된 축복을 마음과 생활로 찾아서 풍성한 삶을 살지만, 순종하지 않으면 무진장의 축복을 저축해 두고도 거지처럼 살 것이라고 했다.

스티븐 스콧이 어떤 집회에서 자기 아들의 암이 기도 응답으로 기적적으로 사라진 간증을 했는데, 한 여성이 이렇게 질문했다. "만일 목사님의 아들이 기적적으로 치유되지 않았다면, 목사님은 어떻게 하셨겠습니까?" 그때 스콧은 "저는 말할 수 없이 아팠을 것입니다. 매일 숨을 간신히 쉴 정도로 힘들었을 것입니다. 그래도 하나님은 여전히 기적과 능력의 하나님, 여전히 긍휼과 은총의 하나님이실 것입니다. 다만 제 아들에 대해 다른 목적이 있겠지요"라고 대답했다. 그때 그 여성

은 울면서 가족들과 교회가 달라붙어 기도했지만 자기 아들이 죽었다고 털어놓았다.

스콧은 그때 "아드님이 주님을 알았습니까?"라고 물었고, 그 여성은 "예, 주님을 사랑했습니다"라고 대답했다. 스콧은 "그렇다면 문제는 아드님이 아닙니다. 아드님은 잠들었다가 갑자기 일어나 보니 영광스러운 주님을 뵙게 되었습니다. 아드님은 사랑하는 주님 앞에서 이 세상에서 경험했던 그 어떤 것보다 더 큰 사랑과 기쁨과 경이로 마음이 가득 차 있습니다. 문제는 자매님에게 있습니다. 자매님이 애통^{grief}에만 사로잡혀 있습니다"라고 했다. 여성은 바로 "맞습니다. 그렇습니다"라고 대답했다.

스콧은 애통을 주인으로 섬기지 말고 주님을 주님으로 섬길 것을 권면했다. 여성은 애통하지 않는 것은 아들을 사랑하지 않는 것이라고 했다. 스콧은 "아드님은 하나님의 사랑에 사로잡혀 있고, 아드님은 예수님에게 초점을 맞추고 있습니다"라고 했다. 그제야 여성은 하나님의 뜻을 받아들이고 함께 기도한 후 무거운 짐을 벗어놓고 가벼운 마음으로 눈빛조차 반짝이게 되었다. 이것이 말씀을 믿고 그대로 순종하는 모습이다. 이것이 그야말로 기적이다.[49]

교인들이 말씀을 강해하는 설교를 듣기는 잘하지만 실천은 하지 않는 경우가 너무 많다. 예배 마치고 나오는 교인들 가운데 조금 전에 들은 말씀이 무엇인가 물을 때에 머리를 긁으면서 모르겠다고 하는 사람들이 95퍼센트라고 한다. 경청하지 않고 잊어버리는 것도 문제이지만, 아예 실천할 생각조차 하지 않는 것이 문제다. 심지어 제자훈련을 받을 때 숙제하기 위해서만 실천할 뿐, 그 후에는 실천하지 않는 경우도 있다. 이렇게 사니까 성경이 살아 있는 하나님의 생동감 넘치는 말씀이라는 것을 체험하지 못한다.

> 하나님의 말씀은 살아 있고 활력이 있어 좌우에 날선 어떤 검보다도 예리하여 혼과 영과 및 관절과 골수를 찔러 쪼개기까지 하며 또 마음의 생각과 뜻을 판단하나니 지으신 것이 하나도 그 앞에 나타나지 않음이 없고 우리의 결단을 받으실 이의 눈앞에 만물이 벌거벗은 것 같지 드러나느니라. (히 4:12-13)

이 말씀이 광야 세대 이스라엘 백성들이 하나님의 말씀을 받기는 했지만 믿지 않고 순종하지 않았다는 문맥에서 나온다는 것을 주목해야 한다. 말씀은 믿고 순종하면 반드시 "살아 있고 활력이 있어 좌우에 날선 어떤 검보다도 예리"한 것을 체험한다.

성경은 하나님, 인간, 그리스도, 구원, 교회, 종말, 윤리, 선교 등에 대해서 우리에게 교훈을 준다. 우리는 성경을 통해 하나님을 어떻게 사랑하고 경배하며, 인간의 실체를 어떻게 깨달아 대하면서 사랑하고, 그리스도의 신성/인성과 말씀, 생활, 고난, 죽음, 부활 등을 깨달아 믿고 따를 것인가 배운다. 우리는 성령께서 성경을 통해 그리스도께서 성부의 뜻대로 완성하신 구원을 우리에게 예정, 소명, 중생, 칭의, 양입養入, 성화, 견인堅忍, 영화 등으로 적용하시는 것도 배운다. 우리는 성경을 통해 그리스도의 몸된 교회와 인류멸망과 천국/지옥 등에 대해서도 배운다. 우리는 성경을 통해 이 모든 주제에 대한 교훈을 받고 우리의 삶의 현장에서 어떻게 살아가야 할 것인가(윤리)도 배운다. 우리는 성경을 읽을 때 "종에게 말씀하옵소서. 종이 순종하겠나이다"라는 태도로 읽고 순종해야 한다.

대구동신교회는 '성경을 따라가는 조직신학 훈련' 즉 '성조훈련'을 한다. '성경을 따라가는' 조직신학 훈련이라고 한 것은 조직신학 주제와 관련된 성경 구절들을 일일이 찾아 복사하면서 성경을 조직신학적으로 즉 체계적으로 배운다는 뜻이다. 직접 성경을 읽고 복사하는 과정 없이 조직신학 훈련을 하면, 교만하게 하는 지식의 함정에 빠진다. 그러나 성경을 따라가면서 조직신학 훈련을 하면 성경을 복사하는 중에 생명과 생활을 체험하고 조직신학을 배우는 중에 체계적인 가치관을 배운다. 성도들이 '성조 훈련'을 받으면서 세계관, 인생관, 가치관, 윤리관 등 '생각의 틀'이 성경대로 변하는 것을 깨닫고 성경적 가치관으로 살아가게 된다고 고백한다.

사람이 '생각의 틀'을 바꾸는 것이 얼마나 힘든가? 대학생 시절 마르크스주의에 심취해서 그것을 학습하고 노동운동으로 실천하다가 2년 반 동안 감옥생활을 했던 어떤 정치가의 고백을 들었다. 마르크스주의에 따라 공산주의 혁명을 일으키려다 감옥에 들어간 친구들 가운데는 밤중에 담요를 덮어쓰고 북한 방송을 청취해서 실천하는 친구도 있다고 했다. 마르크스주의를 체계적으로 학습해서 세뇌가 된 후에는 그것을 버리고 전향한다는 것은 너무도 힘들다고 했다. 자신은 담배를 열 번이나 끊고도 다시 피우다가 감옥에 들어가서 2년 반 피우지 않은 후에 끊었다고 했다. 그런데 어떤 사람은 감옥에서 담배를 피우지 못하다가 감옥에서 나오면 바로 담배를 찾는다고 했다. 몇 년 동안 담배를 안 피우다가 피우면 어지러워지는데 어지러워도 전봇대 기둥을 붙잡고 담배를 피운다는 것이다.

담배를 끊기가 그만큼 힘든데 사상을 끊기는 그보다 더 힘들다고 했다. 체계적으로 배워서 익힌 사상, 즉 '생각의 틀'을 바꾸기가 그토록 힘들다는 것이다. '성조 훈련'은 성경을 체계적으로 배워서 세속적인 '생각의 틀'을 성경적인 '생각의 틀'로 바꾸는 훈련이다. 이것을 한 성도들이 성경적 '생각의 틀'대로 성경 말씀에 실천하면서 살게 된다고 고백한 것이다.

우리가 성경을 실천할 때 반드시 잊지 말아야 할 것이 있다. 하나님의 말씀대로 순종할 때 "만민에게 복음을 전파하라"(막 16:15; 마 28:18-20)는 말씀에도 순종해야 한다. 불신 가족, 친척, 친구, 이웃과 세계 만민에게 복음을 전해야 한다. 불신자들에게만 복음을 전하는 것이 아니라 이미 예수를 믿는 우리의 자녀들과 가족들과 친지들에게도 복음을 전해야 한다. 전도를 통해서, 가정예배를 통해서, 훈련받는 성도들끼리 말씀 나눔을 통해서 복음을 전해야 한다.

큐티 나눔을 통해서도 나누고 성경 말씀을 낭독해서 녹음한 다음 그것을 나누기도 하면 된다. 대구동신교회에서는 말씀 낭송 나눔이 유행하고 있다. 일단 말씀을 낭송해서 녹음을 하기 때문에 정성이 들어가고 책임감도 생기고 목회자들이 아니라 평범한 성도들을 통해서 낭송한 말씀을 나누니 뿌듯하기도 하다고 한다.

우리가 성경대로 순종할 때 살아 계신 하나님께서 반드시 보시고 갚아 주신다. "은밀한 중에 보시는 너의 아버지께서 갚으시리라"(마 6:4). 하나님은 각자가 행한 대로 갚아 주신다. "주여 인자함은 주께 속하오니 주께서 각 사람이 행한 대로 갚으심이니이다"(시 62:12). "보라 내가 속히 오리니 내가 줄

상이 내게 있어 각 사람에게 그가 행한 대로 갚아 주리라"(계 22:12).

주님께서 각 사람이 동기와 언어로 행동을 한 대로 갚으시기 때문에 각자의 상의 차등이 있다. '각 사람이 행하신 대로 갚으신다'는 말씀을 부인하지 않고 그대로 믿는다면 차등 상급은 인정할 수밖에 없다. "기뻐하고 즐거워하라 하늘에서 너희 상이 큼이라"(마 5:12). 주님께서 말씀하신 것을 그대로 믿는다면 반드시 큰 상도 있고 작은 상도 있고 그 사이에 서로 다른 상이 있다.

하나님의 살아 계신 존재와 하나님께서 은밀한 중에 상벌로 갚아 주신다는 것을 믿는 것이 믿음의 본질이다. "믿음이 없이는 하나님을 기쁘시게 하지 못하나니 하나님께 나아가는 자는 반드시 그가 계신 것과 또한 그가 자기를 찾는 자들에게 상 주시는 이심을 믿어야 할지니라"(히 11:6). 영원 자존자 하나님은 보이지도 들리지도 만져지지도 않으시지만, 은밀한 중에 보시고 갚으시는 보상자 하나님으로 자신을 나타내신다. 안 보이시는 하나님께서 보상을 통해서 자신을 보이고 느끼게 만드신다.

우리는 예수 그리스도를 사랑하면서 하나님의 말씀대로 실천할 때 구체적인 삶의 현장에서 하나님을 체험하고 하나님의 존재를 실감하게 된다. "나의 계명을 지키는 자라야 나를

95

사랑하는 자니 나를 사랑하는 자는 내 아버지께 사랑을 받을 것이요 나도 그를 사랑하여 그에게 나를 나타내리라. … 사람이 나를 사랑하면 내 말을 지키리니 내 아버지께서 그를 사랑하실 것이요 우리가 그에게 가서 거처를 그와 함께 하리라"(요 14:21, 23).

하나님께서 이렇게 각 사람의 행한 대로 갚으신다는 것은 상벌의 차등이 있다는 말이다. 마태복음 20장의 포도원 품꾼 비유―어느 시간대에 오든 하루 품삯―는 상벌이 없이 똑같다는 말씀이 아니다. 마태복음 20장 바로 앞 19장에서 예수께서는 모든 것을 버려두고 주님을 따른 제자들에게 열두 보좌에 앉아 열두 지파를 다스리는 상을 주시겠다고 약속하셨다(마 19:27-28). 어느 시간대에 와서 일했든 하루 한 데나리온을 주신다는 마태복음 20장 말씀은 영생 자체에는 차등이 없다는 것과 제자들이 자신들이 잘해서 최고의 상을 받을 것처럼 생각하는 태도를 고쳐 주시는 말씀이다.

누가복음 19장의 므나 비유를 보면 각기 한 므나를 받아서 열 므나 남긴 자는 열 고을을 차지하는 권세, 다섯 므나 남긴 사람은 다섯 고을을 차지하는 권세를 누리게 하신다고 예수께서 말씀하셨다. 하나님 자신이 상급이라는 주장이 있지만 하나님 자신이 아니라 '하나님을 누림'이 상급이다. 하나님 자신과 하나님이 주시는 '누림의 차이'가 차등 상급이다. 천국에는 분명히 차등 상급이 있다. 차등 상급은 조나단 에드워즈가 말한 대로 천국 영광의 대양大洋에 영광의 물이 무궁무진한데 각자가 준비한 그릇만큼 담는다는 비유로 설명될 수 있다. 천국에는 차등 상급이 있지만 천국의 모든 성도는 다 행복하다. 거기는 시기가 없다. 성도들이 완벽하게 성숙해 있기 때문이다. "시기는 그치고 각 성도가 다른 성도들의 선함과 아름다움을 즐거워한다."[50]

여기서 주의할 것이 있다. 상벌은 가톨릭처럼 인간 행위의 자력으로 구원받는다는 공로 차원이 아니다. 우리의 생명과 생활이 다 하나님의 은혜로 주어진 것이기 때문이다. 우리의 충성 노력도 하나님의 은혜이다. 하나님의 은혜의 말씀을 그대로 믿고 수용하고 행동하되 예수 그리스도와 연합해서 성령의 능력으로 행동하는 것이기 때문이다.

상벌을 내다보고 바르게 실천하는 것은 결코 불순한 것도 아니다. 하나님의 상벌을 고려하고 성경대로 바르게 사는 것은 임마누엘 칸트Immanuel Kant가 말한 대로 불순한 것이 아니다. 칸트는 '의무는 의무 자체를 위해 행하라. 상벌을 생각하는 것은 불순하다'는 절대 명령Categorical Imperative을 주장한다. 물론 사람에 대해서는 보상을 기대하지 말고 선을 행해야 한다(눅 6:35). 사람에 관해서는 칸트의 주장이 맞다. 그러나 하나님에 대해서는, 성경의 상벌은 칸트가 말한 대로 불순한 것이 아니다. 왜냐하면 그것은 '각자 행한 대로 갚겠다'는 보상자 하나님의 말씀을 그대로 받아들이고 믿는 순수한 신앙이기 때문이다. 상급을 기대하는 것은 영원자존자 하나님, 보상자 하나님이란 하나님의 본질 자체를 그대로 믿는 순수한 신앙이다. "믿음이 없이는 하나님을 기쁘시게 하지 못하나니 하나님께 나아가는 자는 반드시 그가 계신 것과 또한 그가 자기를 찾은 자들에게 상 주시는 이심을 믿어야 할지니라"(히 11:6).

예수께서도 상주시는 하나님을 바라보셨고(히 12:2), 모세도 상주시는 하나님을 바라보았고(히 11:26), 바울도 상주시는 하나님을 바라보았다(고전 9:24). 하나님의 존재와 하나님의 상벌은 우리가 성경을 실천하는 중요한 자극제가 된다. 모세와 바울과 예수께서 앞에 있는 상을 바라보셨다는 말씀을 그대로 믿는다면 상급은 정당한 동기가 된다. 모세와 바울과 예수께서 상을 바라보신 것을 안 바라보셨다고 해야 하는가?

우리가 성경을 실천할 때 규범과 상황과 실존, 이 삼중 시각을 가져야 한다. 규범은 하나님과 말씀, 상황은 하나님께서 창조하신 세계와 인간, 실존은 인간이라는 '나'이다. 우리는 규범도 살리고 상황도 살리고 실존도 살리면서 실천해야 한다. 상황신학[51]처럼 상황을 규범으로 착각해서 상황으로 규범을 제거하거나 약화시키지 말아야 한다. 실존신학[52]처럼 실존을 규범으로 착각해서 실존으로 규범을 제거하거나 약화시키지 말아야 한다. 정통신학처럼 규범에는 강하나 상황과 실존에는 약한 점도 극복해야 한다. 칼뱅처럼 우리(실존)가 모든 삶의 영역(상황)에 하나님의 주권(규범)을 실현해야 한다. 이런 면에서 규범, 상황, 실존을 다 고려하고 실천해야 한다.

가령 전철에서 이리저리 뛰고 소리치면서 신문지를 던져 버리는 다섯 살짜리 아이를 볼 때 '다른 사람들에게 방해가 되지 않도록 조용해야 한다'는 규범만 보면 나무랄 수밖에 없다. 그러나 조금 전에 어머니 장례식을 치르고 돌아오는 길이라는 상황과 아이의 마음이 한없이 불안하다는 실존을 고려하면 예리하게 타이를 수만은 없다. 어떤 규범이 어떤 상황 속에서 어떤 실존적 심리와 연결되어 있는지 고려하면서 성경을 실천해야 한다.

제자 훈련, 사역 훈련, 전도폭발 훈련, 성조 훈련, 순장 훈련, 지도자 훈련 등 모든 훈련도 다 성경을 머리-지식으로만 학습하지 않도록 주의해야 한다. 머리-지식이 가슴에 들어가 가슴-지식이 되고, 그것이 손발로 실천되는 생활-지식으로 승화되도록 해야 한다. 이단, 이념, 세속에 대처할 때도 규범, 상황, 실존의 삼중 시각과 머리-가슴-생활의 지정의 전인 실천을 고려해야 한다.

성경을 실천하라고 하면서 상급론, 규범/상황/실존의 삼중 시각, 머리-지식/가슴-지식/생활-지식의 3중 지식으로 우회

한 것은 성경 실천에 균형을 기하기 위함이다. 요컨대 성경을 읽는 대로 에누리 없이 실천해야 한다. 하나님을 뜻을 이루겠다는 소원이 성경을 이해하는 유일한 길이다. "천국의 비밀을 아는 것이 너희에게는 허락되었으나 그들에게는 아니되었나니"(마 13:11). "사람이 하나님의 뜻을 행하려 하면 이 교훈이 하나님께로부터 왔는지 내가 스스로 말함인지 알리라"(요 7:17).

주님을 알고 싶어 하지도 않고 주님의 계명을 지키려고도 아니하면서 단지 나의 유흥을 위해, 혹은 그리스도인을 조롱하기 위해 성경을 읽으면 성경이 깨달아지지 않고 성경대로 생명의 변화, 생활의 변화를 체험하지 못한다.[53] 성경대로 실천하면 반드시 성령을 통해 예수 그리스도의 생명과 능력으로 생명의 변화, 생활의 변화를 체험한다. 성경은 성령이 저자이시기 때문에 성경을 바로 읽고 묵상하고 실천하면 반드시 '거룩하신' 성령, '깨끗하신' 성령의 생명 주입과 생활 변화의 능력을 체험한다.[54]

성경을 실천하라! 성경 말씀을 실천하는 것이 말씀이 결실하는 것이다. 길가밭처럼 말씀을 듣자마자 바로 사탄에게 빼앗기고 살지 않는가? 돌짝밭처럼 말씀을 기쁨으로 받아도 말씀으로 인한 환난이나 박해 때문에 곧 넘어진 것은 아닌가? 가시밭처럼 말씀을 받고 한동안 그대로 사는 것 같은데 세상의 염려와 재물의 유혹 때문에 말씀이 막힌 것은 아닌가? 말씀을 받고 깨닫고 인내로 결실하고 있는가?(마 13:19-23) 지난 주일 설교로 들은 말씀 중 한마디라도 지금 마음과 생활 속에 남아서 결심을 향해 가고 있는가? 그리스도인으로 사는 동안 읽거나 듣거나 배운 말씀 중에 박해와 염려와 유혹을 다 물리치고 인내로 결실한 몇 구절이나 있는가? 철저한 자기 점검을 통해 말씀을 받고 깨달아 인내로 결실하겠다고 결단하라.

6. 성경을 실천하라

7. 성경을 정독하라 ────────────

성경을 읽을 때는 건성건성 읽지 말고 뜻을 새겨가면서 자세히 살펴 읽어야 한다. 성경을 읽을 때 느끼는 것도 없고 깨닫는 것이 없을 때 포기하지 말고 더 자세히 읽어야 한다. "너는 귀를 기울여 지혜 있는 자의 말씀을 들으며 내 지시에 마음을 둘지어다 이것을 네 속에 보존하며 네 입술 위에 항상 있게 함이 아름다우니라"(잠 22:17-18). 마음의 귀를 기울여 성경 말씀을 듣고 그 말씀을 우리 마음속에 간직하고 우리 입술에 항상 있도록 해야 한다.

성경을 읽는데 마음이 아무것도 느끼지 않는다면 마음에게 이렇게 말해야 한다. "마음아, 깨어나라!" 그리스도인은 마음을 붙잡고 적용하도록 마음을 촉구해야 한다. 마음을 말씀 지식에 머물러 있게 해야 한다. 마음을 깨우고 촉구해서 하나님의 말씀 지식에 머물러 두어야 한다는 것이다.[55]

존 파이퍼는 스물두 살 때 읽는 법을 배웠다고 했다. 그 이전에는 읽지 않았다거나 읽을 줄 몰랐다는 것이 아니라, 그때부터 제대로 읽는 법을 배웠다는 것이다. 그는 수동적 읽기와

7. 성경을 정독하라

능동적 읽기의 차이를 모티머 아들러^{Mortimer Adler}를 통해서 배웠다고 했다. 다른 사람의 생각을 생각해서 다른 사람을 알아내는 것을 허쉬^{E. D. Hirsh}를 통해서 배우고, 다니엘 풀러^{Daniel Fuller}에게서 던져야 할 질문들을 배웠다고 했다.

특별히 다니엘 풀러 교수는 사람들이 눈을 뜨고 보지만 수동적으로 본다고 하면서 능동적으로 보고 들으라고 자극했다고 했다. 특히 목회자들이 예화를 예화집에서 찾지 말고 실생활에서 찾으라고 했다는 것이다. 풀러 교수는 30초 동안 침묵한 후에 "여러분, 들었습니까?"라고 했다는 것이다. 무슨 말인가 했더니 사이렌 소리를 들었는가 하는 질문이었다는 것이다. 분명히 사이렌 소리가 났는데 교수는 들었고 학생들은 못 들은 것 같았다는 것이다. 수동적으로 들었으니까! 존 파이퍼는 그때 '깨라. 너는 졸며 걷듯 살아가고 있다. 너는 보고 듣지만, 주목하지 않는다. 깨라!'고 했다는 것이다. 공격적 관찰, 능동적 관찰, 인내의 관찰! 이것을 해야 한다는 것이다.⁵⁶⁾

존 파이퍼는 독일에서 유학할 때 아돌프 슐라터^{Adolf Schlatter} 교수가 튀빙겐 대학 성경신학부의 괴짜^{maverick} 교수였다고 했다. 그는 책을 많이 읽었다는 것을 과시하기 위해 각주를 많이 다는 것을 조롱하면서 "학문은 첫째도 보고, 둘째도 보고, 셋째도 보고, 그리고 영원히 영원히 다시 보는 것이다"라고 했다는 것이다.⁵⁷⁾

존 파이퍼는 우리가 성경을 읽을 때 이런 태도로 읽어야 한다고 했다. 그야말로 수동적으로 읽지 말고 능동적으로 읽으라는 것이다. 공격적으로 읽고 질문하면서 읽고 구석구석 읽고 또 읽고 영원히 다시 읽으라는 것이다. 성경을 건성건성 스쳐지나가듯 읽지 말고 정독하라는 것이다. "지식을 불러 구하며 명철을 얻으려고 소리를 높이며 은을 구하는 것 같이 그것을 구하며 감추어진 보배를 찾는 것 같이 그것을 찾으면"(잠 2:3-4).

존 파이퍼는 한 학생이 하버드 비교동물학 박물관의 설립자인 아가시즈^Agassiz 교수에게 배운 경험을 예로 들기도 했다. 학생은 아가시즈 교수에게 동물학의 모든 분야의 토대를 든든히 놓은 후에 특별히 곤충학을 연구하고 싶다고 했다. 교수는 노란 알코올로 처리된 물고기 항아리를 넘기면서 관찰하라고 했다. 학생은 10분 보고 나니 다 본 것 같아서 교수를 찾았다. 그러나 교수는 학생에게 그 물고기를 3일 동안 미친 듯이 관찰한 후에 제4일차 같은 그룹의 다른 물고기를 관찰하게 했다. 학생은 이런 식으로 8개월 동안 물고기를 관찰한 후에 곤충을 연구하도록 허락받았다. 우리가 이런 식으로 성경을 보고 또 보고, 보고 또 본다면 어떻게 될까? 존 파이퍼는 우리가 성경을 읽을 때에 이렇게 정독해야 한다고 했다.

『어? 성경이 읽어지네!』라는 책이 교인들에게 좋은 영향을 미치는 것은 평소에 성경을 대충 읽던 교인들이 성경을 배경 지식, 특히 성경 본문 당시 세계사와 비교하면서 체계적으로 정독하도록 하기 때문이다. 이것은 성경을 읽을 때 체계적인 성경공부도 겸해서 해야 한다는 교훈을 준다.

앞서 언급한 대로 하나님, 인간, 그리스도, 구원, 교회, 종말, 윤리, 선교 등 주제에 따른 체계적인 신학을 성경에 따라 배우는 것은 매우 중요하다. 본문이 하나님에 대해서 뭐라고 하는가? 사람에 대해서 뭐라고 하는가? 그리스도에 대해서 뭐라고 하는가? 구원에 대해서 뭐라고 하는가? 교회, 종말, 윤리, 선교 등에 대해서 뭐라고 하는가? 이런 질문을 던지면서 읽고 체계적으로 정리하면 체계적인 성경공부가 된다.

성경을 읽을 때는 성경 사상 체계에 대한 관심으로 읽기도 해야 하지만, 무엇보다 개혁주의 성경해석 원리에 따라 읽어야 한다. 전문적인 목회/선교 사역자가 되지 않는다고 해도, 문법적·역사적·성경신학적 해석 원리에 따라 읽어야 한다. 나는 개혁주의 성경해석 원리를 나름대로 문맥文脈, 사맥史脈, 경맥經脈, 영맥靈脈, 생맥生脈으로 정리해서 가르친다.[58]

성경 어느 본문이든지 앞뒤 문맥과 책의 문맥을 저자의 글 전체 문맥과 문법과 장르 등을 살피는 문맥. 본문의 역사적 배경을 살피는 사맥. 성경 전체를 예수 그리스도의 구원을 핵심으로 살피는 경맥. 묵상하면서 성령에 다이얼을 맞추는 영맥. 성경의 지평과 생활의 지평을 성경적으로 녹여서 하나로 만드는 생맥.

성경을 바로 깨닫기 위해서 성경을 해석한다고 할 때 너무 전문적인 시각으로 생각할 필요가 없다. 문맥은 성경만 가지고 살필 수 있고, 사맥과 경맥도 성경 자체의 내용을 체계적으로 읽으면 잡을 수 있다. 영맥은 성경을 묵상하면서 잡을 수 있고, 생맥은 성경을 실천하면서 잡을 수 있다. 물론 전문가의 강의와 책을 통해서 도움을 받을 수는 있지만, 그것이 없다고 해서 성경을 바로 깨닫기가, 즉 성경 해석이 불가능한 것은 아니다. 개혁주의 성경해석의 대원리가 '성경은 성경으로 해석한다'는 것이다.

팀 켈러는 이렇게 말했다.

> 너무 많은 평신도들이 가용한 성경적 학문의 분량과 깊이에 겁을 먹는다는 느낌마저 든다. 가령, 주석들과 스터디 바이블들이 위대한 자원들인데 그런 것들이 우리 주변에 너무 많다. … 때때로 그런 것이 우리를 마비시키는 것 같다. 그래서 단지 성경을 깊이 생각하면서 겸손하게, 천천히, 유심히 읽음으로써 성경의 요지를 얻을 수 있다고 생각하는 것이 좋다. 존 번연과 같은 사람들도 그저 성경을 읽음으로써 아주 좋은 신학 교육을 받았다. 성경을 너무 학

문적으로 다루다가 보면 성경이 선명하게 하고자 한 것을 되레 모호하게 하는 것으로 끝나 버리는 것은 그리 놀라운 것이 아니다. 너무 전문적이고 너무 호기심이 많아서 잘못된 질문들을 마구 던지는 철학박사보다는 차라리 성경 이야기들을 기억하고 선악을 구분하는 창의적인 초등학교 5학년 학생과 함께 성경을 읽는 것이 더 좋겠다 싶다.[59]

성경을 바로 깨닫기 위해서 위와 같이 정독할 때 누구도 예외 없이 자기 나름의 전제를 가지고 읽는다는 것을 인정해야 한다. 전제 없는 해석은 없다. 그러나 어차피 나의 전제라는 안경을 쓰고 성경을 읽는다고 해도 나의 전제를 정당화해서는 안 된다. 나의 전제가 성경적으로 합당한 것인지 끊임없이 질문해야 한다.

버클리 미켈슨[A. Berkeley Mickelsen]은 이렇게 지적했다.

해석자가 자기의 생각을 통제하는 것이 무엇인지 인식하면 인식하는 만큼 사상을 통제하는 모든 전제들을 평가하는 기회를 더 많이 얻게 된다. 스스로 이런 질문을 하라. '이런 사상이 이런 특별한 주제에 관해 내게 영향을 미치는가?' 이런 자가[自家] 질문이 좋은 해석에 필요하다.[60]

나의 전제로 성경에 들어가서 나의 전제가 성경의 전제로 녹아들도록 이런 질문을 하면서 성령에 의존해야 한다. 성경의 전제와 나의 전제로 성경에 합당하게 녹아서 하나가 되는 융합을 해야 한다.

8. 주인공과 사귀라

성경의 전제는 구원이다. 성경은 구원의 책이다. 성부의 설계도에 따라 성자가 완공하신 구원의 집에 성령께서 입주하게 하시는 책이다. 구원의 책 성경을 정독해서 구원에 이르는 지혜를 얻기 위해서는 성부의 뜻대로 구원을 완성하시고 성령으로 구원을 적용하시는 예수 그리스도와의 동행이 가장 중요하다.

포도나무 가지가 포도나무에 붙어 있어야 그 수액을 받아 힘을 키우고 그 힘을 열매로 분출하는 것처럼, 예수 그리스도에게 늘 밀착접속해서 사는 사람은 성경을 통해 예수의 생명을 체험하고 예수 생명을 분출하는 삶을 살 수 있다(요 15). 성령께서는 성경을 통해 우리가 예수 생명이 약동하고 예수 생명을 흘려보내는 생명 통로가 되게 하신다. "누구든지 목마르거든 내게로 와서 마시라 나를 믿는 자는 성경에 이름과 같이 그 배에서 생수의 강이 흘러나오리라"(요 7:37-38).

성부의 뜻대로 성자와 동행하게 하시는 성령의 역사를 체험하지 못하면 철저하게 성경대로 실천하는데도 생명력 없는 율법주의에 빠져 피곤할 수 있다. 성부의 뜻대로 성자와 동행하게 하시는 성령의 역사를 체험하지 못하면 성경을 무시하고 제멋대로 사는 반反율법주의의 방종에 빠질 수도 있다. 성경을 실천하라고 하는 것은 삼위일체 하나님과 생명의 접속을 하면서 살아가라는 뜻이다. 이렇게 사는 것이 하나님께서 가장 기뻐하시는 삶이다. 존 파이퍼의 말처럼, 하나님께서 가장 큰 영광을 받으실 때 우리는 가장 행복하다.

예수 그리스도는 성경의 주인공이다. "내가 너희와 함께 있을 때에 너희에게 말한 바 곧 모세의 율법과 선지자의 글과 시편에 나를 가리켜 기록된 모든 것이 이루어져야 하리라 한 말이 이것이니라. … 이같이 그리스도가 고난을 받고 제 삼일에 죽은 자 가운데서 살아날 것과 또 그의 이름으로 죄 사함을 받게 하는 회개가 예루살렘에서 시작하여 모든 족속에게 전파될 것이 기록되었으니 너희는 이 모든 일의 증인이라"(눅 24:44, 46-48).

우리가 성경을 읽을 때 반드시 성경의 주인공 예수 그리스도를 찾아내고 예수 그리스도를 부각해야 한다. 우리는 예수 그리스도께서 나시고 사시고 고난당하시고 죽으시고 부활하신 것, 그리고 예수 그리스도를 통한 죄 사함의 복음이 예루살렘에서 온 세계 만민에게 전파되어야 할 것, 우리가 예수 그리스도의 구원, 특히 십자가 죽음과 부활의 증인이라는 것

을 놓치지 말고 성경을 정독해야 한다.[61]

"우리가 최고의 가치가 있는 그리스도를 발견하지 못하면, 그리스도가 우리의 최고의 만족이 되지 않으면 다른 것이 그 자리를 차지한다." "우리의 육체와 마귀는 우리를 하나님에 반대되는anti-God 쾌락들로 우리를 이끌기 위해서 하루종일 활동한다."[62] 때문에 우리는 성령의 검인 하나님의 말씀을 휘둘러 사탄의 유혹들을 물리치고 예수 그리스도 안에서 기쁨을 맛보도록 항상 그리스도를 바라보아야 한다.

존 파이퍼가 말한 대로 사탄은 우리가 성경을 통해 하나님의·영광, 그리스도의 풍성한 은혜를 보지 못하도록 우리의 눈을 가리는 외부의 적이다.

> 사실들을 모으고, 양심의 가책을 달래고, 교리적 논쟁 자료를 모으고, 미적 감각을 자극하고, 역사적 호기심을 충족시키는 등, 이런 식의 성경 읽기를 사탄은 건드리지 않고 그대로 둔다. 사탄이 이미 전투에서 이겼기 때문이다. 그러나 하나님의 최고의 가치와 아름다움을 보기 위한 성경 읽기—그리스도 안에서 하나님이 우리를 위해 어떤 분이신가 하는 모든 점에 만족하려는 읽기, 여호와께서 선하심을 맛보아 아는(시 34:8) 읽기—사탄은 이렇게 읽는 것을 힘을 다해 막을 것이다. 이것이 바로 초자연적 성경 읽기이다.

8. 주인공과 사귀라

눈을 가로막는 힘을 극복하려는 소원으로 읽는 것은 무엇
이나 초자연적 읽기이다.[63]

존 파이퍼는 성경 읽는 목표를 하나님의 영광을 보는 것이
라고 하면서 그 속에 하나님의 형상인 그리스도의 영광을 보
는 것이 들어 있다고 했다.

> 요한과 바울은 둘 다 그리스도의 영광(하나님의 형상!)을 그
> 들의 영감靈感된 글의 전면에 두었다. … 양자는 그렇게 읽
> 음으로 목격자들이 아닌 예수의 추종자들이 그리스도의
> 영광을 보고 영감을 얻게 된다는 것을 믿고 가르친다. 이것
> 이 성경의 경이驚異이다. 사도들이 예수 면전에서 본 하나님
> 의 영광을 우리도 또한 그들이 쓴 것을 통해 볼 수 있다는
> 것이다. … '그리스도의 영광의 복음의 빛'(고후 4:4). 이것이
> 우리가 하나님의 말씀을 읽을 때마다 목표로 삼아야 하는
> 것이다.[64]

모세의 사역에서는 하나님의 영광이 가려졌으나, 바울의
사역에서는 하나님의 영광이 드러나고 있는 것으로 대조된
다. 바울은 이어서 모세와 모든 그리스도인을 비교한다. 그리
스도인은 주 예수께로 향해서 가려지지 않은 주의 영광을 본

자이다. '언제든 주께로 돌아가면 그 수건이 벗겨지리라. … 우리가 다 수건을 벗은 얼굴로 거울을 보는 것 같이 주의 영광을 보매…'(고후 3:16-18). 다시 말해서, 모든 신자는 모세가 회막으로 들어갈 때처럼 '그리스도에게 돌아갔다.' 모든 그리스도인의 이런 경험은 초자연적인 것이다. 이것은 인간의 힘으로 되는 것이 아니다. 신자들이 그리스도에게 돌아갈 때 성령의 사역을 경험한다는 것이다. 바울의 말에 함의된 것이 이것이다. '주는 영이시니 주의 영이 계신 곳에는 자유가 있느니라'(고후 3:17). 즉 성령께서 우리를 보지 못하는 속박과 굳어지는 속박에서 자유롭게 하신다."[65]

성경을 정독할 때 그리스도 중심으로Christo-centric, 그리스도를 지향해서Christo-telic, 그리스도의 형상이 이루어지도록Christo-morphic 읽어야 한다는 것이 개혁주의 그리스도 중심 성경해석의 원리이다. 성경 전체의 핵심이 그리스도, 성경 전체의 목표가 그리스도, 성경 전체의 계시 진전 과정이 다 그리스도다. 구원의 건물로 따지면 건물의 뼈대가 그리스도, 구원의 완공 모습이 그리스도, 구원의 모든 벽돌의 총화總和가 다 그리스도다. 서울에서 제주도로 가는 여행으로 비유하면, 여행의 핵심 의미가 그리스도Christo-centric, 여행의 목적지가 그리스도Christo-telic, 여행하는 과정 전체가 그리스도Christo-morphic, 그래서 여행을 통해 그리스도의 형상이 이루어진다. 미국 웨스트민스터

신학교는 이와 같이 그리스도 중심의 성경해석을 가르치고 실천하게 한다.[66]

성경을 읽을 때 항상 그리스도를 바라보라는 것이 바로 이것이다. 성경은 본래 우리에게 그리스도의 구원을 보여주는 목적으로 기록되었다. "너희가 성경에서 영생을 얻는 줄 생각하고 성경을 연구하거니와 이 성경이 내게 대하여 증언하는 것이니라"(요 5:39). 그리스도는 신구약 성경의 밭에 감추어진 보화이다. 구약에서는 예언, 유형, 제사, 인물 등을 통해 그리스도가 그림자로 전달되었고, 신약에서는 그리스도가 실제 인간 육체로 나타나셨다. 그리스도는 예언자로 성부의 모든 뜻을 계시하시고, 제사장으로 우리의 죄를 위해 화목제물이 되시고, 왕으로 우리의 삶을 성부의 뜻대로 성령의 능력으로 다스리신다. "하나님의 말씀을 읽을 때 항상 그리스도를 바라보라. 그러면 이것이 우리를 메시아에게로 인도하고 모호한 모든 것을 밝혀 주는 열쇠가 되고, 하나님 왕국의 모든 신비의 지혜와 부富의 창고를 열어 줄 것이다."[67]

'바빠 죽겠는데 정독은 무슨 정독?' 이런 생각이 드는가? 성경을 읽기만 해도 대단한데, 정독까지는 사치라고 생각되는가? 문맥, 사맥, 경맥, 영맥, 생맥을 잡으면서 성경을 읽는 것은 전문가나 하는 것이라고 제치고 싶은가? 성경에서 그리스도를 만나라고 하는 것도 너무 전문적인 학문 차원으로만 느껴지는가?

성경은 하나님께 보통 사람이 보통 수준으로 읽을 수 있도록 통상적인 언어로 주신 말씀이다. 성경을 읽으면서 자신의 죄와 고민을 솔직하게 털어놓고 예수 그리스도를 만나고 싶다고 할 때, 하나님께서 반드시 만나게 해 주신다. 성경을 정독해서 성경의 주인 그리스도를 만나 그리스도와 늘 동행하겠다고 결단하라. "너희가 내 안에 거하고 내 말이 너희 안에 거하면 무엇이든지 원하는 대로 구하라 그리하면 이루리라"(요 15:7).

9. 모델을 추종하라 ──────────

찰스 스펄전은 조지 횟필드에 대해서 이렇게 말했다. "나는 자주 그의 생애에 대해 읽을 때마다 독특하게 살아나는 것을 의식했다. 다른 사람들은 반 인생을 살았다면 그는 온 인생을 살았다. 횟필드는 온통 생명, 불, 날개, 능력이었다. 내 모델은 조지 윗필드다. 나는 부족하지만 그의 영광스러운 발자취를 따라가려고 한다."[68]

나도 최근에 조지 횟필드가 바른 성경읽기 태도를 그대로 다 활용한 인물이라는 것을 발견하고, 나 자신이 부끄럽다는 생각과 함께 조지 횟필드를 모델로 삼고 더욱 매진해야 하겠다는 각오를 했다. 조지 횟필드(1714-1770)는 다음과 같은 특징을 보여주는 인물이다.[69]

① 회심 전: 조지 횟필드는 여관주인의 아들로 초라한 가문에서 태어났지만, 영국과 미국에서 부흥을 주도한 인물이었다. 청년 시절 자신의 죄를 절감하고 자선, 금식, 헌신, 연구 등을 통해 하나님의 영광을 위해 몸부림쳤다. 존 웨슬리 및 찰스 웨슬리와 함께 옥스퍼드 대학교 '홀리 클럽' 회원이 되

어 감옥 사역도 하고 빈민 사역도 했지만 가슴에 죄의 짐은 그대로 있었고 하나님과 화해하지 못했다. 성경을 읽고 그대로 살려고 노력했으나 성경의 핵심인 그리스도와의 생명의 접속이 없었다.

횟필드는 말하자면 몸부림치는 신앙생활을 했으나 말씀에 따라 성경의 주인공 예수 그리스도를 통해 생명의 능력을 체험하지는 못했던 것이다. "여호와의 눈은 온 땅을 두루 감찰하사 전심으로 자기에게 향하는 자를 위하여 능력을 베푸시나니…"(대하 16:9). 횟필드는 역대하 16장 9절 말씀대로 살았으나 요한복음 15장 7절 말씀을 체험하지 못했던 것이다. "너희가 내 안에 거하고 내 말이 너희 안에 거하면 무엇이든지 원하는 대로 구하라 그리하면 이루리라"(요 15:7).

② 회심: 횟필드는 친구 찰스 웨슬리가 빌려준 헨리 스쿠갈Henry Scougal의 『인간 영혼 속의 하나님의 생명The Life of God in the Soul of Man』이란 책을 읽고 이렇게 술회했다.

'그저 교회에 가고, 아무도 해치지 않고, 밀실의 의무를 꾸준히 이행하고, 가끔 손을 펼쳐서 가난한 이웃들을 구제하는 것이 잘못된 신앙'이란 저자의 말이 무슨 뜻인지 의아했다. 아! '이것이 신앙이 아니라면 그러면 무엇이 신앙이야?'라고 생각했다. 하나님께서 금방 내게 보여주셨다. 몇 줄 더 읽었을 때 '참된 신앙은 영혼이 하나님과 연합되는 것, 우리 속에 그리스도가 형성되는 것'임을 발견했다. 그 때 한 줄기 하나님의 빛이 즉시 내 영혼에 비춰 왔다. 그 이전에는 몰랐는데 그 순간부터 내가 새로운 피조물이 되어야 한다는 것을 알았다.[70]

횟필드는 그 순간부터 위에 언급한 대로 온갖 노력을 다해서 새로운 피조물이 되겠다고 몸부림쳤으나 물을 마셔도 해갈되지 않는 것 같았다. 예수께서 십자가 위에서 '내가 목마르다'고 하신 말씀대로, 횟필드는 하나님께 "제가 목마릅니다! 제가 목마릅니다!" 울부짖었다. 바로 그 순간 자신의 노력이 아니라 하나님의 도움을 요청한 것이다. 그때 무거운 짐이 즉시 사라지고, 기쁨이 넘치게 되었다. 횟필드는 그때의 심경을 이렇게 회고했다.

하나님은 무거운 짐을 제거해 주시고 산 믿음으로 하나님의 아들을 붙잡을 수 있게 해 주시고 양자의 영을 주셔서 영원한 구속救贖의 날까지 도장 찍어 확인해 주시기를 기뻐하셨다. 아! 그 기쁨, 말할 수 없는 그 기쁨. 영광이 가득한 기쁨으로 내 영혼이 채워졌다. 죄의 짐은 사라지고 하나님께서 사랑으로 용서해 주셨다는 마음이 계속되었다. 믿음의 완전한 확신이 내 불안한 영혼을 깨뜨리고 들어왔다!

횟필드는 구원에 관해서 인간의 절대절망을 느끼고 성령으로 예수 그리스도와 생명의 접속이 이루어지는 신생(중생)을 체험한 것이다. 성경 읽기 태도로 보면 성령으로 성경의 핵심인 예수 그리스도와 생명이 접속되어 생명이 약동하고 흘러가기 시작한 것이다.

③ 회심 후: 회심을 체험했다고 해서 누구나 다 평생 예수 생명이 약동하고 흘러가는 생명 통로가 되는 것은 아니다. 횟필드는 회심하자마자 바로 성경을 영혼의 주식主食, 사명의 불을 붙이는 연료로 삼았다. 새벽 5시에 일어나 일단 마음을 열고, 영어 성경과 헬라어 신약성경과 메튜 헨리Matthew Henry의 주석을 펴 놓고 진리를 깨닫기 위해 성경을 정독했다. "나는 성경을 무릎 위에 올려놓고 읽기 시작했다. … 성경이 정말 내 영혼에 고기가 되고 음료가 되었다. 나는 매일 위로부터 참신한 빛과 능력을 받았다."

횟필드는 성경을 읽은 후에 영어 성경과 헬라어 성경의 구절마다 단어마다 붙잡고 기도했다. 횟필드는 다른 것을 책을 읽는 시간보다 성경을 읽는 시간을 더 많이 잡았다. "나는 인간들의 모든 글로부터 얻을 수 있었던 것보다 더 많은 지식을 한 달 동안 하나님의 책을 읽으면서 얻었다." 횟필드는 성경으로 진수성찬을 먹음으로 성경의 진리가 인격과 생활의 살이 되고 피가 되었다.

횃필드는 성경을 케케묵은 책으로 보고 현대생활에 아무 소용이 없다는 사람들을 볼 때 마음이 괴로웠다. 당시 많은 복음주의자들이 세속 철학, 수사학, 논리학 책을 읽는 데 상당한 시간을 보낼 때 횃필드는 성경 계시를 굶주린 사람이 음식을 먹듯 꿀꺽꿀꺽 삼켰다. 횃필드는 당시 성경이 일식日蝕 당하는 것을 탄식하면서 이렇게 대범하게 주장했다. "우리가 성경 위에 올라가서 하나님의 기록된 말씀을 신앙과 행위의 유일한 규범으로 보지 않는다면, 우리는 곧 모든 속임수에 노출되어 신앙과 착한 양심이 파선되는 큰 위험을 겪게 될 것이다." 횃필드는 성령으로 성경의 핵심인 그리스도와 생명의 접속이 이루어진 후에 계속 성경을 통해 그리스도의 생명을 체험하고 흘려보내는 경건훈련에 매진했다.

④ 성경읽기 바른 태도의 모델: 회심 후 조지 횃필드는 이상의 올바른 성경읽기 태도를 그의 모델로 살았다. 마음을 개방開放하라, 성령을 간구懇求하라, 성경을 식음食飮하라, 성경을 기도祈禱하라, 성경을 묵상默想하라, 성경을 실천實踐하라, 성경을 정독精讀하라, 주인공과 사귀라. 이런 태도가 횃필드의 성경읽기에 그대로 다 드러났다. 횃필드는 성경을 통해 성령으로 그리스도를 더욱 깨닫고 그리스도를 더욱 사랑하고 그리스도

와 더욱 교제하면서 복음으로 사람을 살리고 키우고 고치는 생명사역에 헌신했다. 횟필드의 성경읽기 태도는 아래 세 구절의 현실화로 요약될 수도 있다.

너희가 내 안에 거하고 내 말이 너희 안에 거하면 무엇이든지 원하는 대로 구하라 그리하면 이루리라. (요 15:7)

여호와의 눈은 온 땅을 두루 감찰하사 전심으로 자기에게 향하는 자를 위하여 능력을 베푸시나니. (대하 16:9)

네 마음을 다하고 목숨을 다하고 뜻을 다하여 주 너희 하나님을 사랑하라 하셨으니 이것이 크고 첫째 되는 계명이요 둘째도 그와 같으니 네 이웃을 네 자신 같이 사랑하라 하셨으니 이 두 계명이 온 율법과 선지자의 강령이니라. (마 22:37-40)

⑤ 사명헌신: 횟필드의 설교와 하나님의 능력은 횟필드가 경험한 하나님의 회심(신생)의 은혜를 떠나서는 설명할 수 없다. 횟필드가 유럽과 미국, 두 대륙에서 말 타고 수천 마일 다니면서 1천만 명에게 4만 회 설교하면서 하나님의 강력한 능력으로 부흥운동의 주역이 되었는데 그 출발점에 회심의 은

혜 체험이 있었다.

횟필드는 성경을 삶의 권위로 삼고 성경에 근거해서 그리스도를 더욱더 사랑하게 되었다. "그분을 더 알기 위해서 연구하라. 알면 알수록 그분을 더 사랑할 것이다." 횟필드는 자신이 읽는 모든 말씀을 가지고 그리스도를 더 닮아가기를 원했다. 횟필드는 말하자면 그 인격이 성경의 모루 위에서 다듬어지고 만들어졌다.

횟필드는 구원을 위한 절박한 기도, 하나님의 영광을 위한 담대한 기도를 드리면서 하나님에 대한 절대 의존의 삶을 살았다. 횟필드는 목사 안수를 받는 날이 다가올 때, "설교 요청을 받았고, 시험도 봤지만 설교와 시험, 둘 다 준비가 되어 있지 않아서 고뇌하면서 기도했다. 목사 안수 후 강력한 열망이 일어났다. … 하나님께서 어떤 위대한 일을 위해 나를 준비시키시고 계신다는 생각이 들었다. 사탄은 그것을 보고 나를 괴롭히게 된 것이다."

기도와 하나님에 대한 절대 의존, 이것이 횟필드 설교의 작동 방법^{modus operandi}이었다. 횟필드는 발걸음을 내밀 때마다 "나는 성령을 믿는다"고 고백했다. 사실 하나님의 사람은 하나님의 능력이 없으면 아무 능력이 없다. 어떤 때는 한 번 설교에 수천 명이 회심했는데 이것은 횟필드의 양심을 찌르는 스타일, 대범한 선포, 건전한 해석, 칼빈주의 신학 때문이 아

9. 모델을 추종하라

니라 하나님의 능력 때문이었다. "하나님의 능력의 손길이 오케스트라를 지휘하시지 않는 한 완벽한 신학도 생명이 없는 차가운 장송곡이 될 것이다."

횟필드는 먼저 그리스도인이 되고, 다음에 설교자가 되었다. 먼저 자기 죄 때문에 울고 다음에 세상의 죄 때문에 울었다. 먼저 자신에게 그리스도를 전하고 다음에 열방 앞에 그리스도를 전했다. 횟필드는 공감이 있는 의사로서 설교했는데 이것이 당시 세상에 필요한 양약이었다. 마음이 깨어진 사람이 눈물로 동료 형제자매들에게 사랑하는 주 예수 그리스도에게 인생을 맡기고 자비로운 하나님과 비교할 수 없는 교제를 나누도록 호소한 것이다.

횟필드는 성령을 통한 회심으로 그리스도와 생명의 접속이 된 후 평생 회심으로 얻은 새로운 생명을 체험하고 전했고, 회심 후에 그리스도와 동행하는 성화의 생활로 말씀을 뒷받침했다. 성령을 통해 계속 성경의 핵심인 그리스도의 생명을 흡수하고 그리스도의 생명을 사명의 열매로 분출했다.

⑥ 놀라운 영향: 이렇게 해서 불이 붙은 횟필드의 마음이 유럽과 미국, 두 대륙을 삼키는 불이 된 것이다. 성경에 심취할수록, 하나님을 알고 하나님의 나라를 확장하는 헌신이 더욱 깊어졌던 것이다. 옥스퍼드의 학생 횟필드는 회심 후 2년 만에 강력한 설교자로 변했다. 횟필드는 설교할 때 성경의 단

어들과 성경의 비유들을 사용했고 성경 진리를 성경 구절로 예증했다. 횃필드는 성령께서 하나님의 은혜가 필요한 영혼들에게 진리를 새겨주시도록 기도하고 설교했다.[71] 횃필드는 나로부터 남들에게로, 속으로부터 겉으로, 성령을 통해 성경의 핵심인 그리스도의 생명을 흡수하고 분출하는 놀라운 영향을 미쳤다.

> 그저 호기심으로 왔던 많은 사람이 그의 설교에 사로잡혀 그 결과로 그리스도에 대한 신앙을 고백했다. 그가 가는 곳마다 이런 일이 일어났다. 은혜 교리를 설교했던 목회자들도 그의 사역을 보고 회심했다.[72]

⑦ 태도로 고도 결정: 횃필드는 바른 성경읽기 태도로 '내 인생의 고도도 결정하고 남 인생의 고도도 결정한다'는 모델이 되었다. 성령으로 성경의 핵심인 그리스도의 생명을 감격적으로 흡수하고 능력 있게 분출함으로써 성부의 뜻을 수행하고 최고의 보람과 행복을 체험하는 삶을 보여주었다. 이것이 '내가 이렇게 살면 좋겠다'는 이상형理想型, '내가 이렇게 살아야 겠다'는 이상향理想鄉이 아니겠는가!

10. 열매를 기대하라 ───────────

다윗은 성경의 본질을 이렇게 노래했다. "여호와의 말씀은 순결함이여 흙 도가니에 일곱 번 단련한 은 같도다"(시 12:6). 성경은 여호와 하나님의 말씀이다. 용광로에서 불순물이 다 제거될 때까지 제련하는 것처럼, 성경은 용광로에서 일곱 번이나 제련되어 불순물이 하나도 없는 순수한 은과 같다.

"하나님이여 주께서 우리를 시험하사 우리를 단련하시기를 은을 단련함 같이 하셨으며"(시 66:10). 하나님께서는 하나님의 100퍼센트 순수한 말씀으로 우리의 인생과 인격과 생활을 순화純化시키셔서 하나님의 완벽한 형상이신 예수 그리스도를 닮도록 연단하신다.

욥은 인간이 겪을 수 있는 최악의 고통 속에서 "나의 가는 길을 그가 아시나니 그가 나를 단련하신 후에는 내가 순금 같이 되어 나오리라"고 고백했다(욥 23:10). 하나님께서 말씀으로 우리를 단련하실 때에 삶의 모든 과정을 통해 단련하시지만 특별히 고통을 통해 단련하신다. 하나님께서 단련하신 후에 우리는 하나님의 말씀대로 그리스도의 순수한 형상을 본

9. 모델을 추종하라

받아 순금같이 나오게 된다. 이것이 성경을 대할 때에 우리가 하나님의 은혜로 맺는 열매이다. 우리는 성경을 읽을 때에 이런 열매를 믿음으로 기대하면서 읽어야 한다.

다윗은 시편 1편에서 하나님의 말씀을 주야로 묵상하며 즐거워할 때에 "악인들의 꾀를 따르지 아니하며 죄인들의 길에 서지 아니하며 오만한 자의 자리에 앉지 아니[한다]"고 했다(시 1:1-2). 하나님의 말씀을 무시하고 하나님을 버린 악인은 "바람에 나는 겨"와 같지만, 하나님의 말씀을 묵상하고 실천하는 의인은 여호와 하나님의 인정을 받아 "시냇가에 심은 나무가 철을 따라 열매를 맺으며 그 잎사귀가 마르지 아니함" 같다고 했다(시 1:3-6).

다윗은 시편 19편에서 하나님의 말씀은 다음과 같은 일을 한다고 했다.

① 영혼을 소성시킨다(19:7)

② 지혜롭게 한다(19:7)

③ 마음을 기쁘게 한다(19:8)

④ 눈을 밝게 한다(19:8)

⑤ 경고한다(19:11)

⑥ 지키면 큰 상을 받는다(19:11)

⑦ 죄를 깨닫고 죄에서 벗어나게 한다(19:12-13).

다윗은 시편 119편에서 히브리어 알파벳 22개에 맞추어 한 철자에 8절씩 총 176절로 말씀 예찬을 읊었다. 시편 119편에 말씀의 본질, 말씀과 나의 관계, 말씀에서 내가 보는 유익이 나온다. 하나님의 말씀이 주는 유익만 본다면 아래와 같다.

① 흠이 없는 행위로 복을 받는다(119:1-5, 9, 133)

② 부끄러움을 당하지 않고 감사한다(119:6-7, 11, 31)

③ 비방과 멸시와 수치를 떠나게 한다(119:22, 23, 39)

④ 허탄한 길에서 떠나게 한다(119:37)

⑤ 피곤한 영을 강하게 하고 살아나게 한다(119:25, 28, 40)

⑥ 자유와 위로와 소망과 평안을 준다(119:45, 49, 50, 52, 76, 116, 165)

⑦ 명철과 지식과 방향과 방패를 제공해 준다(119:66, 71, 98, 99, 100, 105, 114)

⑧ 후대해서 살게 한다(119:17, 50, 65, 88, 107, 149, 156, 159, 175)

⑨ 재물보다 즐거워한다(119:14, 16, 24, 35, 72, 77, 92, 103, 111, 127, 162)

⑩ 하나님을 분깃으로 삼게 한다(119:57).

성경을 읽고 묵상하며 살 때에 일단 마음이 안정되고 올바른 생활을 하게 되고 선한 영향을 미치게 된다. 여호수아는 "강하고 담대하라"는 말씀과 함께 좌우로 치우치지 말고 말씀대로 순종했을 때에 가나안을 점령하게 되었다. 다윗은 하나님의 말씀대로 살아서 하나님의 마음에 드는 사람이 되었고, 어디를 가든지 승리하고(삼하 8:14; 대상 18:13), 부와 귀와 권세와 능력을 얻었다(대상 29:12). 조지 휫필드는 말씀을 정독하고 묵상하고 실천해서 미국과 영국의 부흥의 주역이 되었다.

존 파이퍼는 성경을 읽는 10대 이유를 아래와 같이 제시했다.[73]

① 성경은 구원을 준다(딤전 4:16)

② 성경은 사탄으로부터 자유롭게 한다(요 8:32)

③ 성경은 은혜와 평안을 준다(벤후 1:2)

④ 성경은 거룩하게 한다(요 17:17)

⑤ 기쁨을 준다(살전 1:6)

⑥ 성경은 파괴적 오류로부터 보호한다(엡 4:13-14)

⑦ 성경은 천국의 희망이다(고전 13:12)

⑧ 성경은 대적하는 자를 감당하게 한다(딤후 4:3)

⑨ 성경을 바로 다루면 하나님이 인정하신다(딤후 2:15)

⑩ 성경은 생명을 주고 보호한다(마 4:4).

스티븐 스콧은 대학을 졸업한 후 9번이나 해고 또는 실직했다. 그가 선택하는 어떤 분야에든 그는 결코 성공하지 못할 것이라고 말해 준 보스가 한둘이 아니었다. 스티븐은 자신이 아무리 노력해도 성공할 수 없다고 느꼈다. 그러던 스티븐이 1974년 관계전문가 게리 스몰리Gary Smalley로부터 2년 만에 모든 사장보다 더 지혜롭게 되고 5년 안에 아마 갑부가 될 것이라는 약속과 함께 이런 도전을 받았다.[74] "성경 잠언은 31장입니다. 한 달도 31일이 있습니다. 매일 하루를 시작하면서 연필과 노트를 들고 날짜에 맞추어 잠언 한 장씩 읽으십시오. 당신이 발견하는 지혜와 통찰을 기록하십시오. 2년 동안 그렇게 하면 잠언을 24번 통독합니다. 그러면 제가 약속하는데, 당신은 갑부가 될 것입니다."

게리 스몰리 박사는 스티븐이 잠언에서 얻은 지혜로 인생이 바뀔 것이라고 믿었다. 그로부터 2년 안에 스티븐은 마케팅 회사를 공동으로 설립했고 몇 달 내에 그 회사(American Telecast)는 한 주에 백만 달러를 벌었으며 스티븐은 갑부가 되었다. 1976년 스티븐은 일용품 마케팅을 시작했다. 2년 후 스티븐은 게리 스몰리와 함께 공동 저자로 첫 두 책 *If Only He Knew*와 *For Better or For Best*를 출판했는데, 세계적인 베스트셀러가 되었고, 게리 스몰리는 세계적인 세미나 사역을 개시했다. 10년 후에 스티븐과 게리는 게리의 비디오 시리즈 『사랑하는 관계의 숨은 열쇠들^{Hidden Keys to Loving Relationships}』을 시작했다. 스티븐은 이런 식으로 사업해서 〈포춘〉 500대 기업 CEO 중 한 사람이 되었고, 집필과 강의와 사업을 통해 성경적 지혜를 전 세계에 계속 전파하고 있다.

스티븐은 예수께서 자신의 말씀에 대해 하신 21가지 약속을 소개했다. 그중 몇 가지만 소개하면 다음과 같다:[75]

① 주님의 말씀은 성령과 생명을 정신과 삶에 계속 주입한다(요 6:63).

② 주님의 말씀은 우리가 예수의 참된 제자가 되게 한다(요 8:31).

③ 주님의 말씀은 진리를 친숙하게 아는 길을 제공한다(요 8:32).

④ 주님의 말씀은 죄의 노예상태에서 해방시켜 준다(요 8:32-38).

⑤ 주님의 말씀은 성부 하나님 및 예수님과 친밀하게 해 준다(요 14:21-23).

⑥ 주님의 말씀대로 살면 성부 성자 하나님의 특별한 사랑을 받는다(요 14:21-23).

⑦ 주님은 자신의 하트와 마인드를 계시해 주신다(요 14:21-23).

다소 번거로워 보여도 21개 약속 중에 7개라도 소개하는 것은 스티븐이 성경의 주인공 예수 그리스도의 말씀을 얼마나 철저하게 분석해서 적용하고 있는지 보여주기 위함이다. 스티븐은 예수 그리스도의 1,900개 말씀을 220개 주제로 분류해서(*The Greatest Words Ever Spoken*이란 책) 삶에 적용하고 있다. 스티븐이 이런 식으로 성경을 철저하게 연구하고 묵상하고 실천하기 때문에 삶의 현장에서 놀라운 열매를 거두고 있는 것이다. 스티븐은 주님의 말씀이 우리 속에 거주하게 해야 한다고 했다(요 15:7). 주님의 말씀이 우리 속에 거주할 때 우리가 한 걸음 한 걸음 주님을 따라가면서 신앙이 성장하고 기적을 체험하게 된다고 했다. 스티븐은 말씀의 열매를 삶의 현장에서 분명하게 체험하고 간증하고 있는 것이다.[76]

성경은 도널드 휘트니가 말한 대로 "우주에서 가장 매력적인 인물" 하나님께서 우리의 삶에 가장 필요한 지혜를 제공해 주시는 책이다. 성경은 그리스도인의 생명과 생활에 절대 권위이면서 구원 지혜의 무궁무진한 보고다. 무진장의 보고를 앞에 두고 그것을 보고로 알지 못한다는 것이 최고의 아이러니다.

성경은 우리를 영원히 목마르지 아니하게 하는 "영생하도록 솟아나는 샘물"이다(요 4:14). 성경은 사막과 같은 인생에 영원한 생수가 솟아나는 오아시스다. 오아시스 앞에서 갈증으로 죽어간다는 것이 최고의 아이러니다.

성경을 어떤 태도로 읽을 때 무진장의 보물을 활용해서 하나님께 영광을 돌리고 우리는 복과 행복을 누릴 수 있는가? 어떤 태도로 성경을 읽을 때 영생하도록 솟구치는 샘물을 마실 수 있는가? 무진장 보고에서 보물을 캐고, 영생하도록 솟아나는 샘물을 마시는 10대 태도를 위에서 제안했다.

① 마음을 개방하라. 마음을 닫아 거만한 나 자신을 하나님

위에 올려놓지 말고 하나님의 말씀 앞에 겸손하게 마음의 무릎을 꿇어야 한다. 반신反神적인 인본주의/합리주의 사고방식으로 성경 앞에서 마음을 닫으면 예일 대학교 티모시 드와이트 총장이 말한 대로 "인간들이 토해낸 찌꺼기"를 섭취할 뿐이다. 어린아이처럼 마음을 열고 겸손한 태도로 성경을 읽을 때 삼위일체 하나님의 생명과 능력에 접속된다.

② 성령을 간구하라. 마음을 열고 성경을 읽을 때 성경의 저자이시고 성경대로 교훈, 책망, 보호, 인도, 공급하시는 성령을 간구하면 성경의 풍성한 생명과 능력과 지혜를 얻을 수 있다. 성령을 간구하면서 성경을 읽는 개인은 안정과 부흥을 체험하고, 그런 교회는 안정과 부흥과 성장을 체험한다. 성령을 사모하는 태도로 성경을 읽으면 '죽은 정통'에 빠지지 않고 '정통 부흥'을 체험할 수 있다.

③ 성경을 식음하라. 성령에 의존해서 성경을 읽을 때 성경을 밥처럼 먹고 물처럼 마셔야, 즉 식음해야 한다. 성경을 읽을 때는 일단 마음을 열고 성령의 가이드를 구하면서 영적인 양식을 섭취해야 한다. 자동차는 며칠마다 가솔린을 넣지만 핸드폰은 매일 전기를 넣어야 한다. 영혼은 며칠 만에 한 번씩 기름을 주입하는 자동차와는 달리 충전하는 핸드폰처럼 매일 말씀 만나로 충전해야 한다. "사람이 떡으로만 사는 것이 아니요 여호와의 입에서 나오는 모든 말씀으로 사는 줄 너

희로 알게 하려 하심이라"(신 8:3). 성경을 먹고 마시겠다는 태도로 성경을 읽으면 영혼이 영성욕을 해서 깨끗한 삶을 살 수 있다.

④ 성경을 기도하라. 성경을 식음할 뿐 아니라 하나님이 내려 주신 말씀을 다시 하나님께 올려드려야 한다. '성경을 기도한다'는 것은 다소 생소한 개념이지만 우리가 하나님의 다양하고 풍성한 양식을 섭취하는 방법이다. 『성경을 기도하라』의 저자 도널드 휘트니가 제안한 대로 성경을 읽으면서 생각나는 것을 무엇이나 기도하는 것이 유익하다. 동시에 존 파이퍼가 제안한 대로 성경의 문자 자체보다는 성경의 의미를 바로 이해하고 성경을 기도하도록 노력해야 한다.

⑤ 성경을 묵상하라. 성경을 기도할 때 특별히 다가오는 구절을 암송하고 묵상하면 그것이 가슴속에서 성령의 불이 된다. 성경을 묵상하면 덤덤하던 말씀이 뜨거운 말씀이 된다. 성경을 묵상하면 아무 느낌이 없던 말씀이 실감 난다. 묵상하면 성경 말씀이 성령의 불이 되고 죄와 고민의 바위를 부스러뜨리는 해머가 된다. 성령의 불을 토하는 설교자에게는 '성령 불구경'하러 사람들이 몰려든다.

⑥ 성경을 실천하라. 성경을 묵상하면서 머리-지식이 가슴-지식이 되게 한 다음 그것을 실천해서 생활-지식으로 승화시켜야 한다. 성경을 순수하게 에누리 없이 순종할 때 성령

의 능력을 체험하고 생활의 변화와 축복을 체험한다. 손 마른 자가 "네 손을 내밀라"는 예수 그리스도의 말씀에 순종할 때 즉시 손이 펴졌다(막 3:5). 성경을 실천하면 꼬인 문제가 풀리고, 말라붙은 인생이 펴진다.

⑦ 성경을 정독하라. 성경을 읽을 때 성경은 개혁주의 성경해석 원리에 따라 문맥, 사맥, 경맥, 영맥, 생맥을 잡도록 정독해야 한다. 전문적인 지식이 없다고 해도 성경은 성경으로 해석하는 것이 개혁주의 성경해석 원리다. 성경 자체로도 글의 맥, 역사의 맥, 성경 전체의 맥, 성령의 맥을 잡아 생활의 맥에 연결할 수 있다. 성경을 정독하면 선하신 하나님의 꿀송이 같이 단 말씀의 맛을 본다. "성경 읽기가 기대하고 즐기는 잔치로 보이기보다는 흔히 스케줄을 잡고 그대로 감당하는 의무로 간주된다"[77]는 존 파이퍼의 말은 성경을 정독할 때 바뀌게 되어 있다. 성경을 정독하면 하나님의 꿀송이같이 단 말씀의 맛을 보기 때문에 성경 읽기가 의무가 아니라 잔치가 되는 것이다.

성경을 위와 같은 태도로 읽을 때 그리스도인다운 인생으로 고도가 높아진다. 그리스도인이 그리스도인다운 삶, 행복하고 활기찬 삶을 살 수 있다. 바른 태도로 성경을 읽으려면 무엇보다 성경의 주인공이신 예수 그리스도를 만나 늘 동행하겠다는 태도로 읽어야 한다. 성경은 그리스도 중심, 그리스도 지향, 그리스도 형상 방향으로 읽어야 한다.[78] 성경은 그리스도가 중심이고, 그리스도를 지향하고, 그리스도의 씨줄과 날줄로 그리스도의 형상을 짜기 때문이다.[79] 그리스도인이 성경에서 성령을 통해 그리스도를 만날 때 예수 그리스도의 생명이 속에서 약동하고 밖으로 흘러가는 복음의 통로가 되는 것이다.

주인공 예수 그리스도에게 접속해서 그리스도의 생명을 체험하고 흘러가게 하는 삶을 살아갈 때에 조지 휫필드의 모델을 기억하고, 성경 읽기의 열매를 기대하는 것이 중요하다. 이런 의미에서 성경을 읽기 전에 아래 기도를 드리면 성경을 읽는 바른 태도가 형성되는 데 도움이 될 것이다. 나는 매일 성경을 읽기 전에 아래의 기도를 드리고 읽기 시작한다.

마음을 열고 성령을 간구하오니
하나님의 말씀을 먹고 마시게 하옵소서.
성경을 전체로, 또 구절마다 기도하고
밤낮으로 묵상해서 되씹게 하옵소서.
성경대로 에누리 없이 실천하고 보고 또
봄으로 심오한 진리를 깨닫게 하옵소서.
성경의 핵심 목표 전부이신 예수 그리스도와
생명과 능력의 교제를 나누게 하옵소서.

횟필드처럼 성경과 기도에 전력투구해서
성령으로 예수 생명을 전하게 하옵소서.
성경에서 평안과 기쁨, 지혜와 희망을 얻어
예수 생명의 파문을 일으키게 하옵소서.
성경 읽는 바른 태도로 예수 생명이 약동하고
흘러가는 인생 고도가 결정되게 하옵소서.
존귀하신 예수 그리스도의 이름으로 기도합니다. 아멘.

성경을 읽는 태도가 인생의 고도를 결정한다는 것이 분명하다. 그렇다면 올바른 태도로 성경을 읽어 하나님께는 영광을 돌리고 스스로 행복한 고도高度 높은 그리스인의 삶을 살아가야 하지 않겠는가?

1 태도 전반에 관해서는 권성수의 〈IQ보다 AQ: 지능지수보다 태도지수〉(생명사역훈련원)를 참조하라.

2 "신약의 설교자들, 즉 사도들은 집집마다 돌아다니면서 사람들에게 예배드리러 나오라고 촉구할 필요가 없었다. 사도들이 오히려 그들로 집에 돌아가게 하는 것이 어려운 문제였다! 그들은 그들의 모든 시간을 예배 분위기 속에서 보내기를 원했다. 말씀을 받으면 받을수록 더 받기를 원했다. 매일! 꾸준히! 그들을 돌려보낼 수 없었다. 이것이 개혁과 부흥의 시기마다 항상 교회의 특징이었다. 칼뱅은 제네바에서 매일 설교했다. 매일! 사람들은 목말라서 칼뱅과 다른 설교자들의 설교를 들으러 왔다. 마르틴 루터의 경우도 그랬다. 교회가 교회다운 교회로 기능을 발휘할 때 어느 시기나 항상 그랬다." D. Martyn Lloyd-Jones, *Preaching and Preachers* (Grand Rapids: Zondervan, 1971), 157.

3 John Piper, *Reading the Bible Supernaturally* (Wheaton: Crossway, 2017), 209.

4 Tim Keller, "Practical Wisdom on Reading the Bible in 2015: What Kind of a Thing is the Bible?" https://lifecoach4god.life/tag/tim-keller-on-bible-reading/

5 John Owen, *The Works of John Owen*, ed. William H. Goold, vol. 1 (Edinburgh: T & T Clark, n. d.), 399; John Piper, *Reading the*

Bible Supernaturally: Seeing and Savoring the Glory of God in Scripture (Wheaton: Crossway, 2017), 101에서 재인용.

6 Elmer Towns and Douglas Porter, *The Ten Greatest Revivals Ever* (Ann Harbor: Servant Publications, 2000), 84-86. 더글라스 포터, 엘머 타운즈, 『세계 10대 부흥의 역사』, 가리온.

7 J. Edwin Orr, Campus Aflame: *A History of Evangelical Awakenings in Collegiate Communities* (Wheaton: International Awakening Press, 1994), 39.

8 Richard Lovelace, *Dynamics of Spiritual Life: An Evangelical Theology of Renewal* (Downers Grove: Inter-Varsity, 1979), 47.

9 *The Ten Greatest Revivals Ever*, 91,

10 Clayton Kraby, "How to Read the Bible Like George Whitefield." https://reasonabletheology.org/how-to-read-the-bible-like-george-whitefield/?nowprocket=1

11 *WJE* 2:281.

12 J. Edwin Orr, *Campus Aflame*, 109.

13 *The Ten Greatest Revivals Ever*, 13.

14 Ibid., 140.

15 Ibid., 84.

16 Ibid., 1-2.

17 Clay Kraby, "How to Read the Bible Like George Whitefield." ReasonableTheology.org

18 Benjamin B. Warfield, "The Real Problem of Inspiration"; Moses Silva, "Old Princeton, Westminster, and Inerrancy," in *Thy Word Is Still Truth* eds., Peter A. Lillback & Richard B. Gaffin Jr. (Phillipsburg: P&R, 2013); Norman L. Geisler ed.,

Inerrancy (Grand Rapids: Zondervan, 1980); J. Merrick, Stephen M. Garrett eds., *Five Views on Biblical Inerrancy* (Grand Rapids: Zondervan, 2013) 참조.

19 Michael J. McClymond and Gerald R. McDermott, *The Theology of Jonathan Edwards* (Oxford: University Press, 2012), 60.

20 Richard Lovelace, *Dynamics of Spiritual Life: An Evangelical Theology of Renewal* (Downers Grove: Inter-Varsity, 1979), 40.

21 Lovelace, *Dynamics*, 42.

22 *Works of Jonathan Edwards* 4:278, 281, 282.

23 Michael J. McClymond and Gerald R. McDermott, *The Theology of Jonathan Edwards* (Oxford: University Press, 2012), 443.

24 장종현, 『신학은 학문이 아닙니다』 (도서출판 LCN, 2021). 신학은 사변적인 학문이 아니라 예수 생명의 복음이라는 입장. 예수 생명의 복음이란 입장을 체계적으로 정리하면 생명신학이 된다.

25 권성수, 『생명사역』 (생명사역훈련원). 생명사역은 천국 복음으로 사람을 살리고 키우고 고치는 사역이다. 예수 그리스도의 생명을 체험하고 흘러가게 하는 사역.

26 Clay Kraby, "How to Read the Bible Like George Whitefield."

27 "The Bible as Our Spiritual Food," *Bible for America* May 11, 2015. https://blog.biblesforamerica.org/the-bible-as-our-spiritual-food/

28 Aurelius Augustine, *Confessions*, trans. R. S. Pine-Coffin (New York: Penguin, 1961), 8:12.

29 Ibid., 9:1; John Piper, *Reading the Bible Supernaturally: Seeing and Savoring the Glory of God in Scripture* (Wheaton: Crossway, 2017), 160에서 재인용.

30 Charles H. Spurgeon, "How to Read the Bible," in *Thy Word Is Still Truth: Essential Writings on the Doctrine of Scripture from the Reformation to Today*, ed. Peter A. Lillback & Richard B. Gaffin Jr. (Phillipsburg: P&R, 2013), 784.

31 Davids Schrock, "Feeding on the Bible: An Approach to Bible Reading for Those Who Don't," December 31, 2015. https://davidschrock.com/2015/12/31/feed-on-the-bible-in-2016-an-approach-to-bible-reading-for-those-who-dont/

32 Charles H. Spurgeon, *Lectures to My Students* (Grand Rapids: Zondervan, 1972), 43.

33 Matthhew D. Haste, *Themelios* 41/2. *Praying the Bible*의 국내 역간본은 『오늘부터, 다시, 기도』(복있은사람)이나, 이 글의 문맥을 고려하여 '성경을 기도하라'로 옮겼다.

34 John Powell, Why Am I Afraid to Tell You Who I Am? (Amazon, 1999).

35 John Piper, "How Do I Pray the Bible?" https://www.desiringgod.org/interviews/how-do-i-pray-the-bible

36 Arthur W. Pink, *Gleanings in Genesis* (Moody Bible Institute, 1922), 78.

37 Timothy Keller, *Prayer: Experiencing Awe and Intimacy with God* (New York: Dutton, 2014), 149-150.

38 John R. W. Stott, *Between Two Worlds: The Art of Preaching in the Twentieth Century* (Grand Rapids: Eerdmans, 1982), 220.

39 https://www.growthengineering.co.uk/what-is-the-forgetting-curve/

40 Jonathan Edwards, *WJE* 16:793.

41 Edwards, *WJE* 16:799.

42 Martyn Lloyd-Jones, *Revival* (Wheaton: Crossway, 1987), 68-69.

43 Lloyd-Jones, *Revival*, 73.

44 Richard Lovelace, *Dynamics of Spiritual Life: An Evangelical Theology of Renewal* (Downers Grove: Inter-Varsity, 1979), 13.

45 Lovelace, *Dynamics*, 16.

46 Ibid.

47 Kraby, "How to Read the Bible."

48 Steven K. Scott, *The Joseph Principles: Turning Adversity and Heartache into Miraculous Living* (Nashville: Thomas Nelson, 2022), 108.

49 Ibid., 164-165.

50 Michael J. McClymond and Gerald R. McDermott, *The Theology of Jonathan Edwards* (Oxford: University, 2012), 18.

51 가령 조셉 플레처(Joseph Fletcher)의 상황윤리(Situational Ethics)와 같은 상황신학. "플레처는 낙태, 영아살해, 안락사, 우생학, 인간복제 등의 잠재적 혜택들을 주창하는 학문의 주도자였다. 감독교회 사제로 안수를 받았으나, 그는 후에 자기 정체성을 무신론자라로 밝혔다."

52 Justin Taylor, "What Should Evangelicals Mike of Karl Barth?," *The Gospel Coalition*. Feb. 22, 2016 참조. "바르트는 모순적인 것들을 당혹감 없이 말하는 능력이 있다. … 어떤 사람이 바르트에게 '바르트 교수님, 당신의 저술에서 아래와 같은 모순점들을 발견했습니다. 이런 모순점들에 대해 어떻게 말씀하시겠습니까?'라고 질문의 글을 올렸더니, 바르트는 표면상 이렇게 답신했다. '다른 모순점들도 있습니다. 몇 개의 모순점들을 더 열거합니다.' 이것이 소위 변증법적 사고라는 것이다."

https://www.thegospelcoalition.org/blogs/justin-taylor/what-should-evangelicals-make-of-karl-barth/

53 Kraby, "How to Read the Bible."

54 마틴 로이드 존스가 웨일스 남부에서 목회할 때 여자 무당이 교회에 왔다. 어느 날 로이드 존스가 그녀에게 첫 방문 때 무엇을 느꼈느냐고 물었다. 그때 무당은 이렇게 말했다. "이 채플에 들어와 사람들 사이 자리에 앉았을 때 나는 능력을 느꼈습니다. 나는 무당 집회에 갈 때마다 늘 어떤 능력이 있다는 것을 의식했는데, 큰 차이가 있었습니다. 채플의 능력은 깨끗한 능력이라는 느낌이었습니다." '깨끗하신' 성령께서 사람들의 마음속에서 일하시기 때문에, 무당이 교회에서 그런 느낌을 받은 것이다. Lloyd-Jones, *Preaching and Preachers*, 44.

55 John Piper, "I Read the Bible and Feel Nothing-What Should I do?" https://www.desiringgod.org/interviews/i-read-the-bible-and-feel-nothing-what-should-i-do

56 John Piper, *Reading the Bible Supernaturally*, 326-327.

57 Ibid., 333.

58 권성수, 『성경해석학 1』(총신대 출판부).

59 Tim Keller, "Practical Wisdom."

60 A. Berkeley Mickelsen, *Interpreting the Bible* (Grand Rapids: Eerdmans, 1963), 18.

61 Edmund P. Clowney, "Preaching Christ from All the Scriptures," in *Thy Word Is Still Truth*, 1034-1051.

62 John Piper, "How Do I Feed My Joy in Jesus Every Morning?" https://www.desiringgod.org/interviews/how-do-i-feed-my-joy-in-jesus-every-morning

63 John Piper, *Reading the Bible Supernaturally*, 185.

64 Peter A. Lillback ed., *Seeing Christ in All of Scripture: Hermeneutics at Westminster Theological Seminary* (Westminster Theological Seminary, 2016).

65 Ibid., 81.

66 Peter A. Lillback ed., *Seeing Christ in All of Scripture: Hermeneutics at Westminster Theological Seminary* (Westminster Theological Seminary, 2016).

67 Kraby, "How to Read the Bible."

68 Charles Spurgeon, *Autobiography, Volume 1: The Early Years* (Revised ed. London: Banner of Truth, 1962), 348.

69 "The Preeminence of Scripture in George Whitefield's Life" (ligonier.org).

70 Robert Philip, *The Life and Times of George Whitefield*, 17; Digby L. James, "The Life of George Whitefield." *Banner of Truth*에서 재인용.

71 Steven Lawson, "The Preeminence of Scripture in George Whitefield's Life."

72 Digby L. James, "The Life of George Whitefield," *Banner of Truth*. https://banneroftruth.org/us/resources/articles/2015/life-george-whitefield

73 https://www.desiringgod.org/interviews/ten-reasons-to-read-the-bible-every-day

74 Steven K. Scott, *The Joseph Principles: Turning Adversity and Heartache into Miraculous Living* (Nashville: Thomas Nelson, 2022), 136.

75 Ibid., 74.

76 Ibid., 66, 74-75.

77 Derek J. Brown, "John Piper Wants You to Encounter Glory in Your Bible." https://www.thegospelcoalition.org/reviews/reading-the-bible-supernaturally-john-piper/

78 Peter A. Lillback, "Covenantal, Christocentric and Christotelic Hermeneutics at Westminster Theological Seminary." https://d3h3guilcrzx4v.cloudfront.net/uploads/images/files/News/Christocentric/Christocentric,%20Christotelic%20Statement.pdf

79 그리스도 중심의 설교는 본래 하나님의 은혜라는 서술(indicative)과 인간의 노력이라는 명령(imperative)을 담고 있어야 한다. 예수 그리스도 중심으로 성경을 읽는 '리딩지저스'(Reading Jesus)도 하나님의 은혜와 인간의 순종, 양자의 균형을 잡아야 한다. 하나님이 그리스도 안에서 은혜로 주신 것에 근거해서 윤리적으로 바로 살아야 하는 것이다. 그러나 현실적으로는 은혜와 노력의 균형을 잡기가 쉽지 않다. 윤리적 도전을 약화시키고 하나님의 은혜에 편중할 수도 있고, 하나님의 은혜를 약화시키고 윤리적 도전에 편중할 수도 있다. 한국 교계는 하나님의 은혜보다 인간의 순종(윤리)에 편중하는 경향이 있었는데, 최근에 그리스도 중심의 설교학이 소개되면서 반대 경향도 드러날 위험을 보이고 있다. 이런 문제를 해결하기 위해서는 나는 『성화의 펜듈럼』(생명사역연구원)을 집필했다.

성경 읽는 태도

2023년 10월 10일 초판 1쇄 인쇄
2023년 10월 17일 초판 1쇄 발행

지은이　권성수
펴낸이　권혁민

주식회사 웨스트민스터프레스코리아

주소　　서울특별시 강동구 천중로 213, 520호
전화　　02-2289-9081
이메일　readingjesus@wts.edu
등록　　2020년 12월 30일

ISBN 979-11-92860-07-7 03230